吐魯番出土文獻散録

下

榮新江 史睿 主編

中華書局

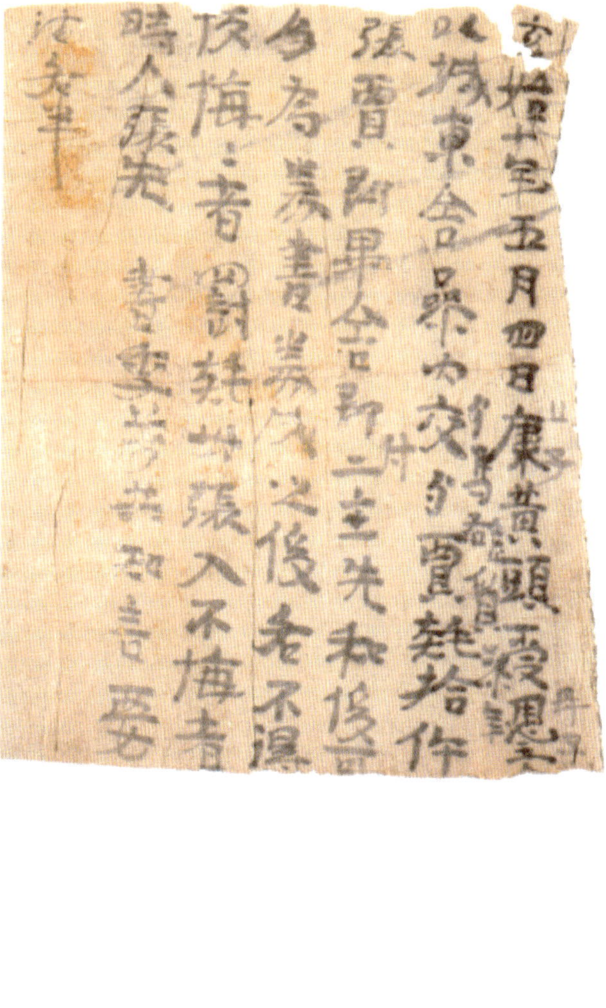

文書　圖一　北涼玄始十年（421）康口子等賃舍券

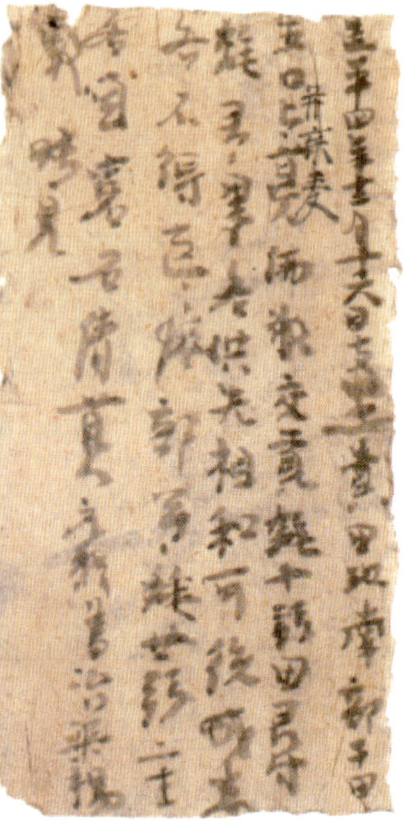

文書　圖二　北涼建平四年（440）
支生貴賣田券

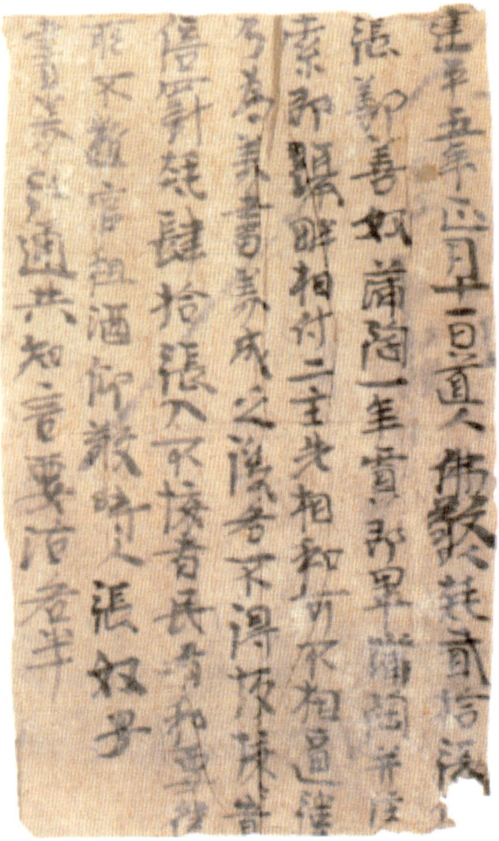

文書　圖三　北涼建平五年（441）
張鄯善奴夏葡萄園券

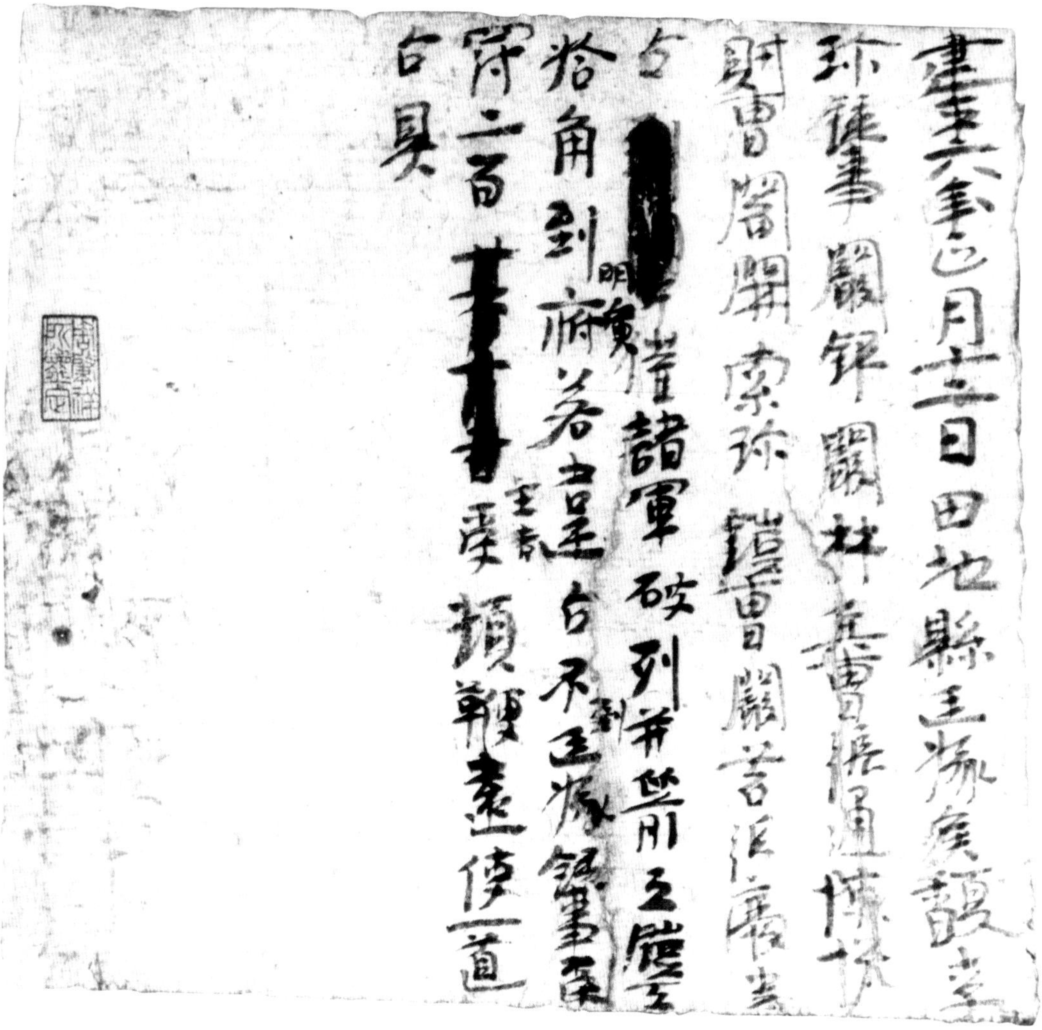

文書　圖四　北涼建平六年（442）田地縣催諸軍到府狀（藝林月刊53）

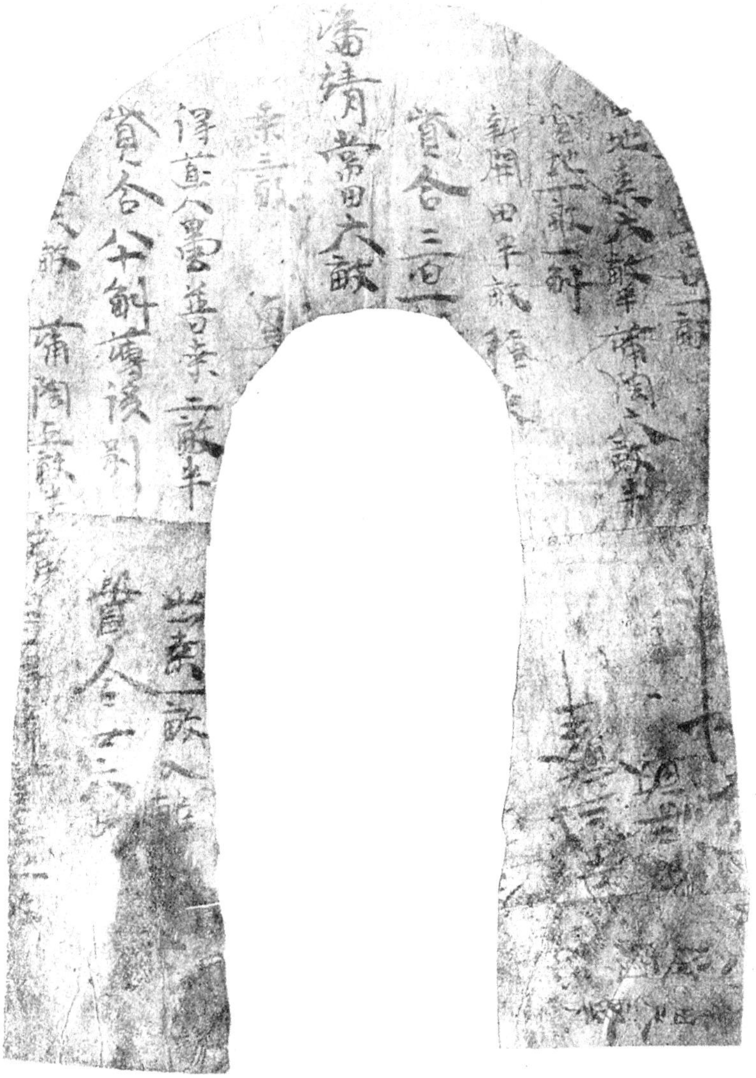

文書　圖五A　北涼承平年間（443-460）高昌郡高昌縣都鄉孝敬里貲簿　　四
（藝林旬刊19）

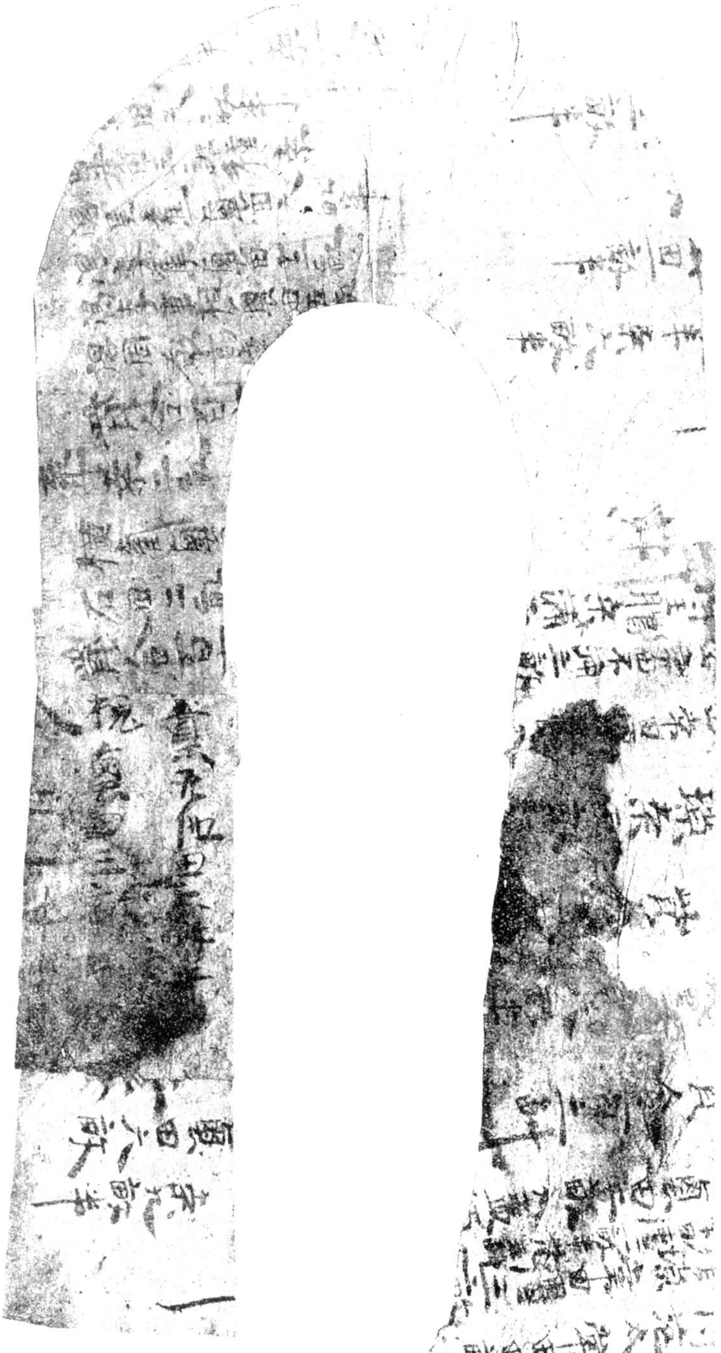

五　　文書　圖五B　北涼承平年間（443-460）高昌郡高昌縣都鄉孝敬里貲簿（藝林旬刊20）

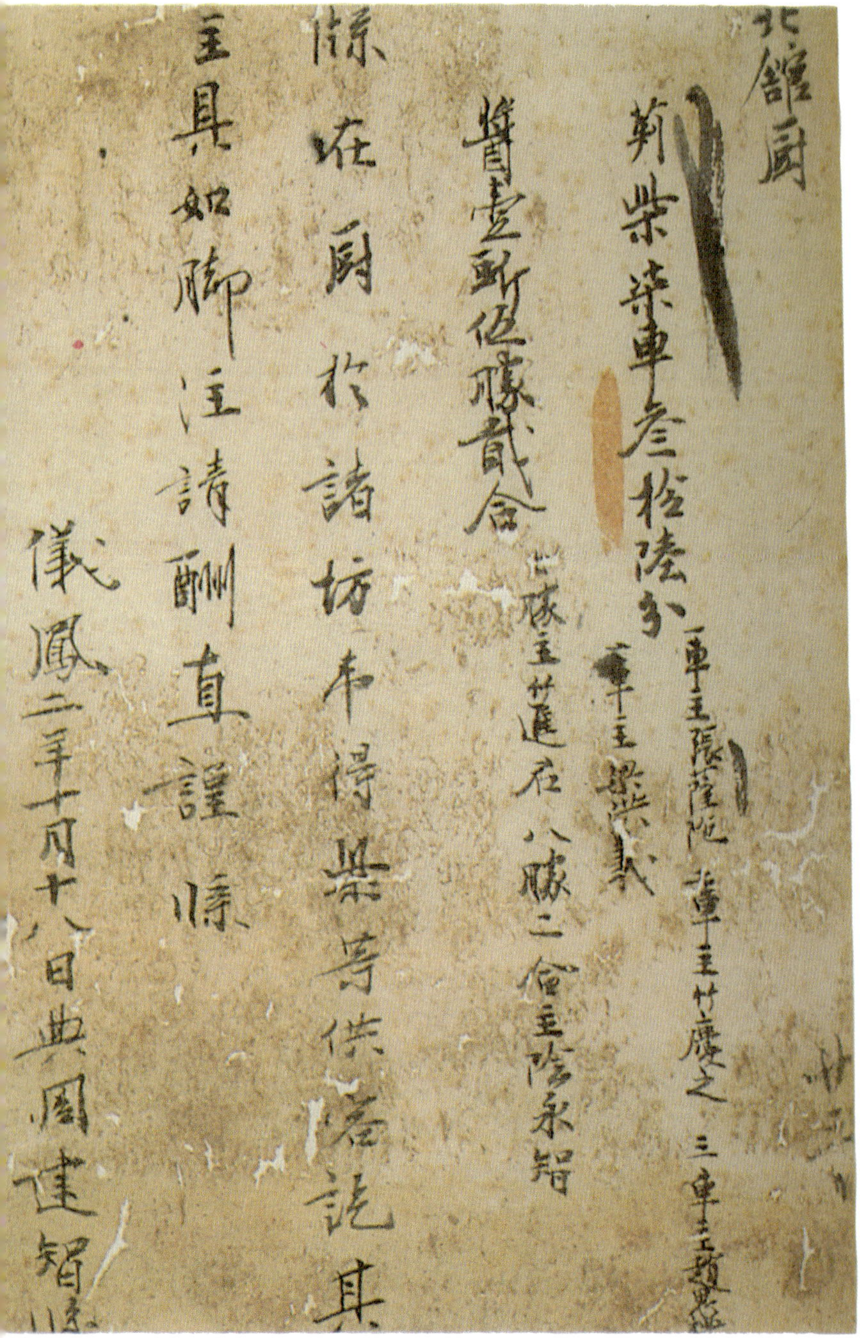

文書　圖六　唐儀鳳二年（677）十月至十二月西州都督府案卷
（古典籍下見展觀大入札會，1990年，41頁）

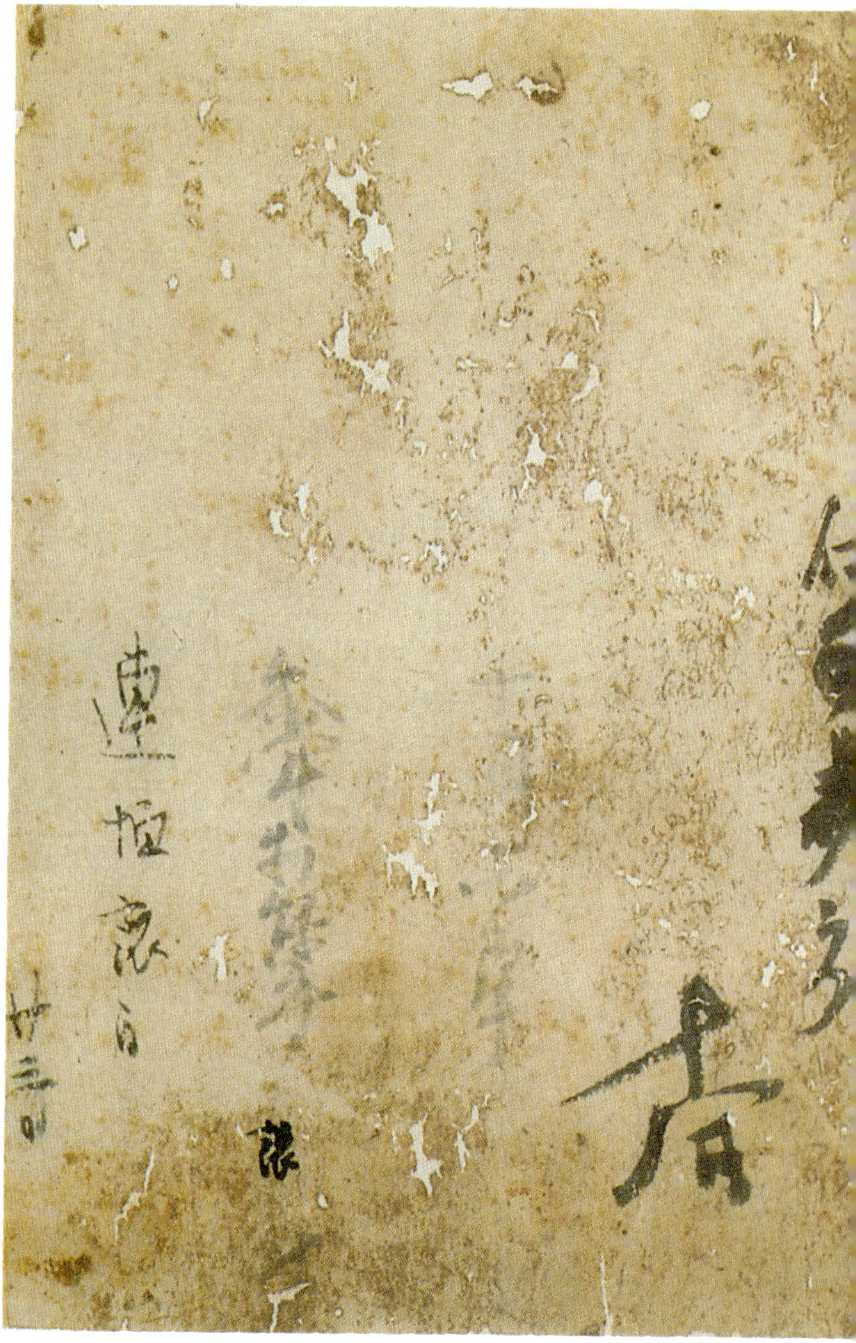

文書　圖七　周天册萬歲二年（696）一月四日關（MIK III 172）

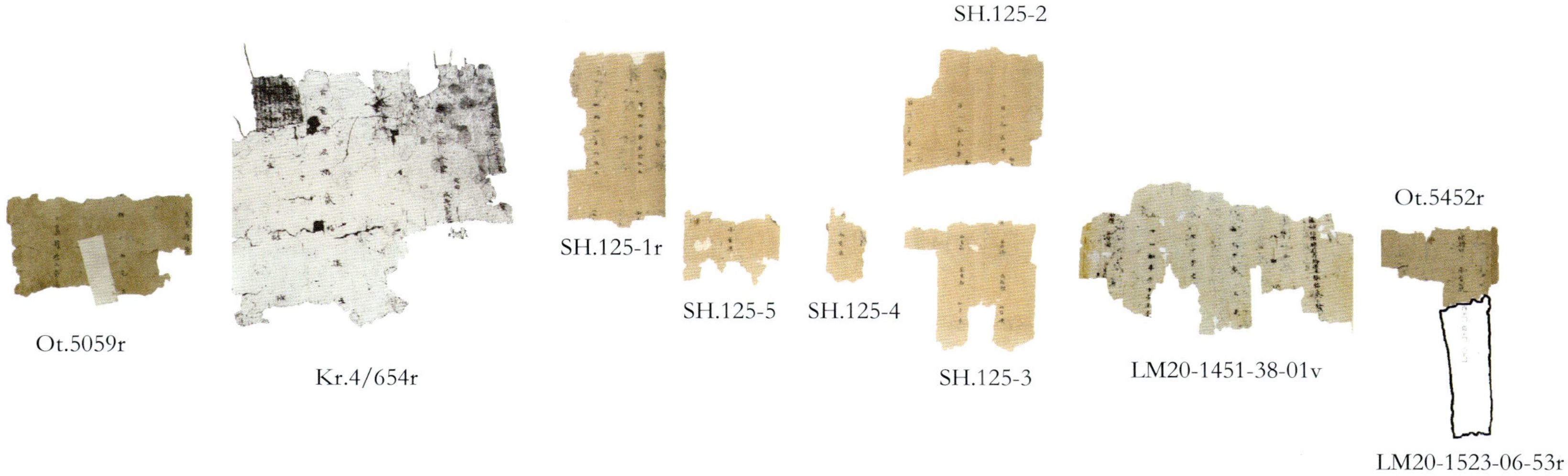

文書　圖八 周大足元年（701）西州高昌縣順義鄉籍綴合圖

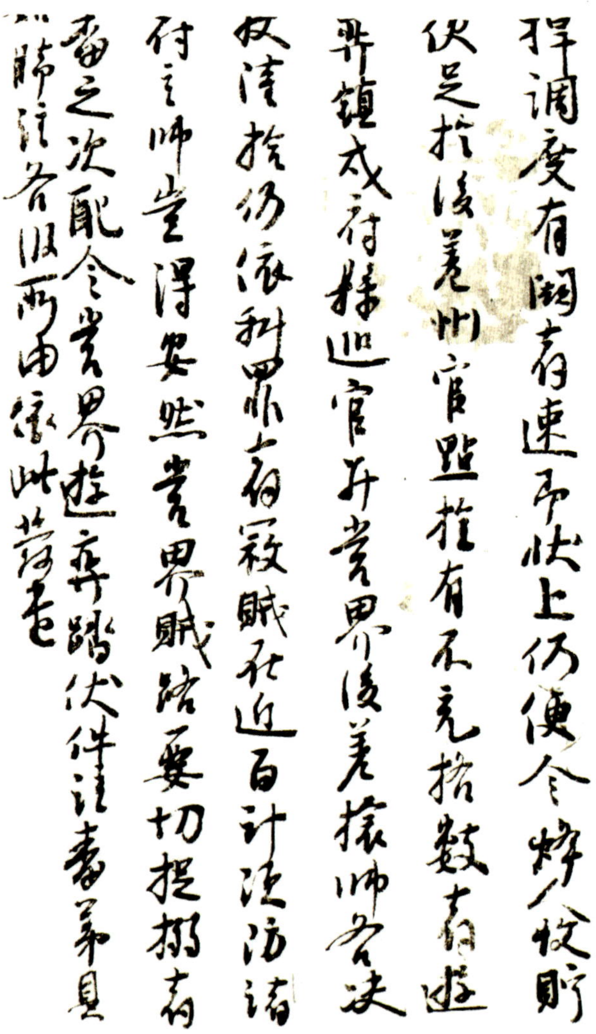

文書　圖九　唐開元年間西州都督府牒爲調度有闕及當界遊弈件注番第事（舊照片）

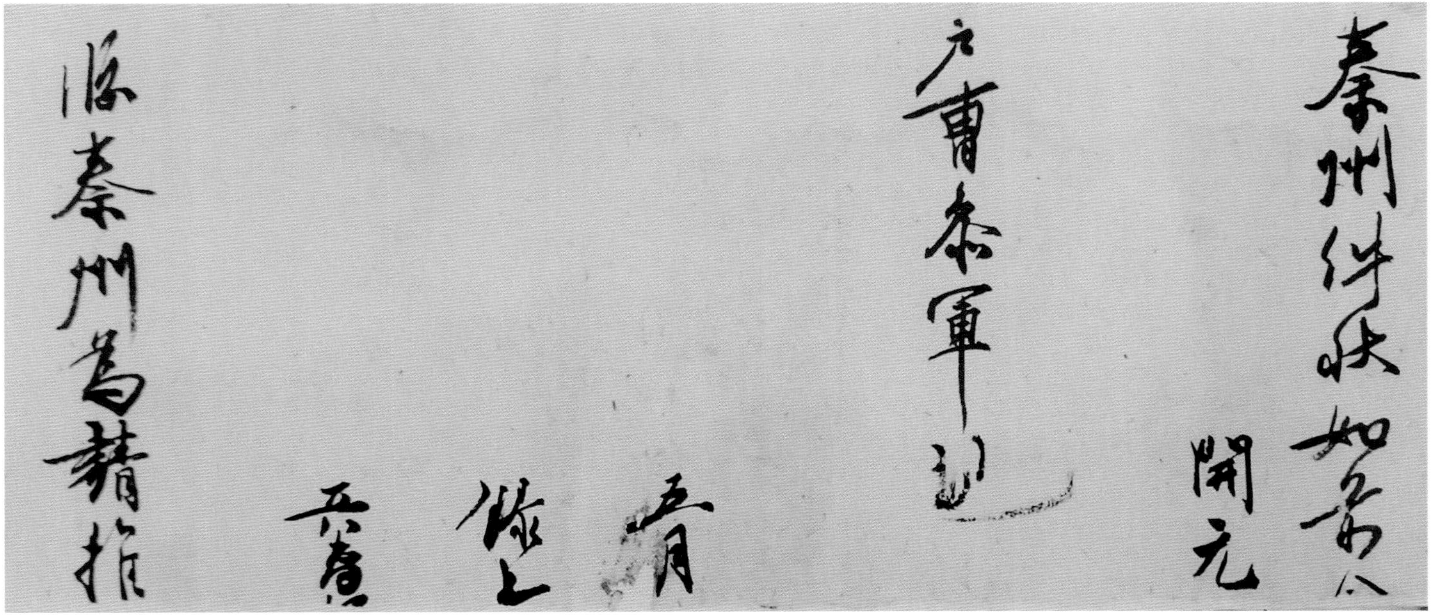

文書　圖一〇A 唐開元十三年（725）西州都督府牒秦州爲請推勘王敬忠等奪地事

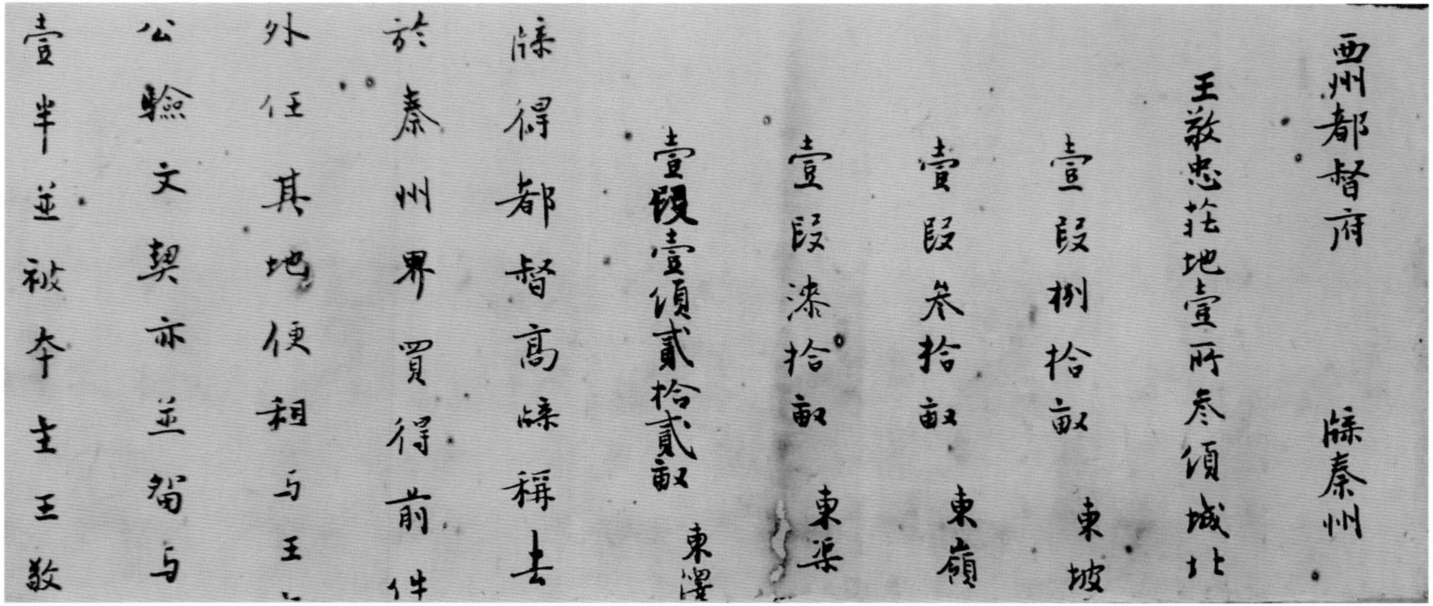

文書　圖一〇B　唐開元十三年（725）西州都督府牒秦州爲請推勘王敬忠等奪地事

等奪將或恐王通子
秦州勘問王敬忠及
并文契在不報者准
推勘王敬忠等奪地所
開元十三年五
徵
攝司馬朝議
長

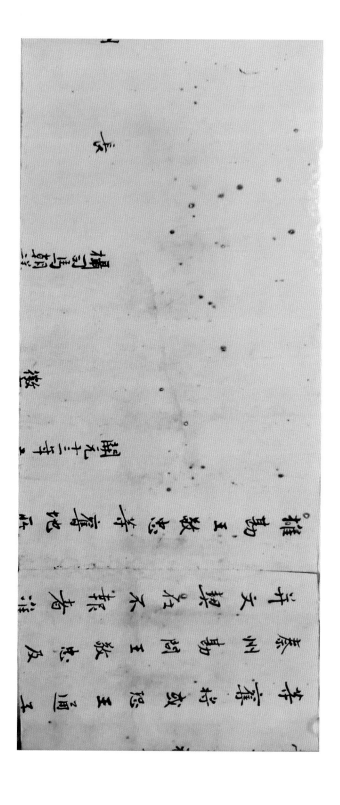

文書　圖一〇C 唐開元十三年（725）西州都督府牒秦州爲請推勘王敬忠等奪地事

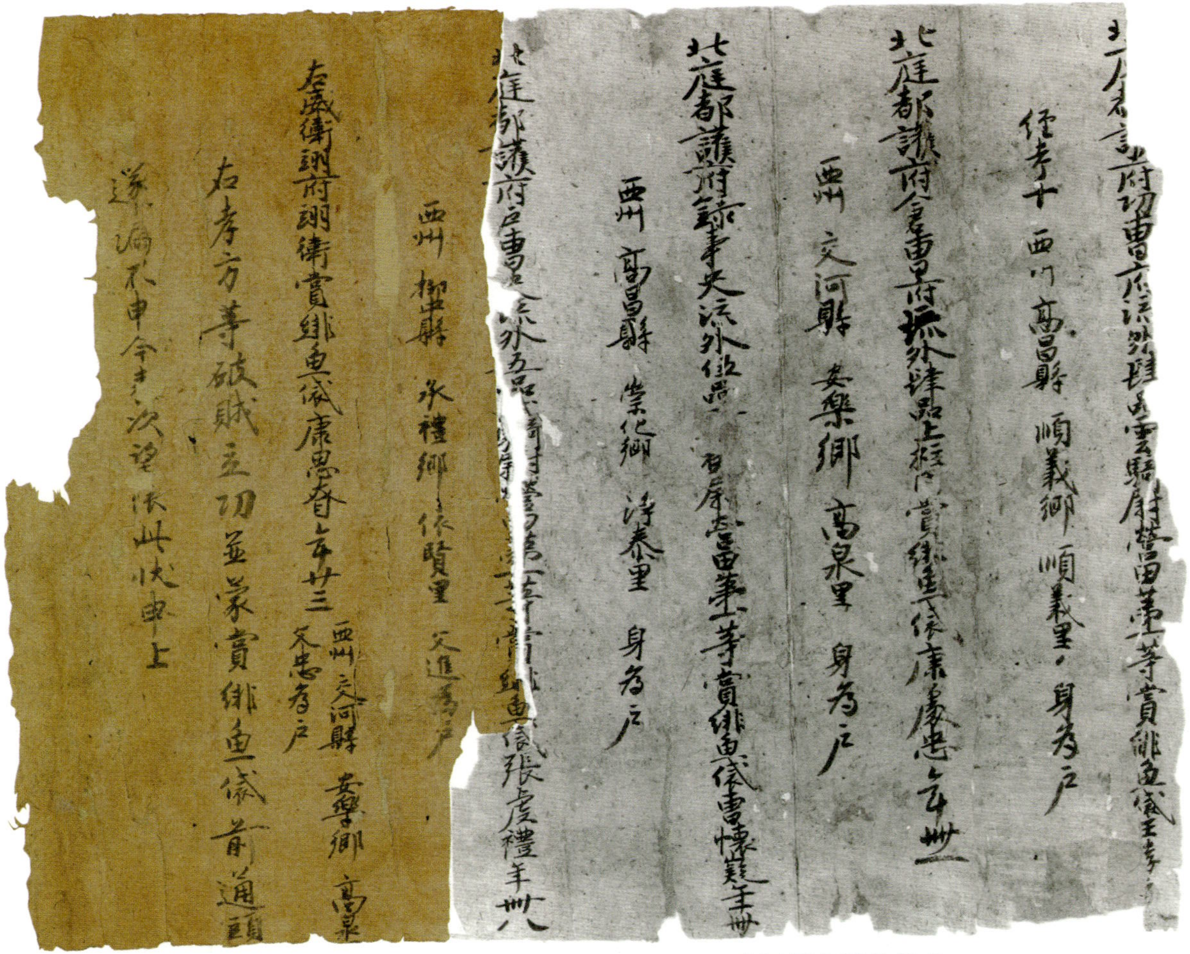

BD09337　　中國國家博物館43

文書　圖一一　唐開元年間瀚海軍狀爲附表申王孝方等賞緋魚袋事綴合圖

文書　圖一二　唐開元二十三年（735）西州高昌縣順義鄉籍（Ch 2405，舊照片）

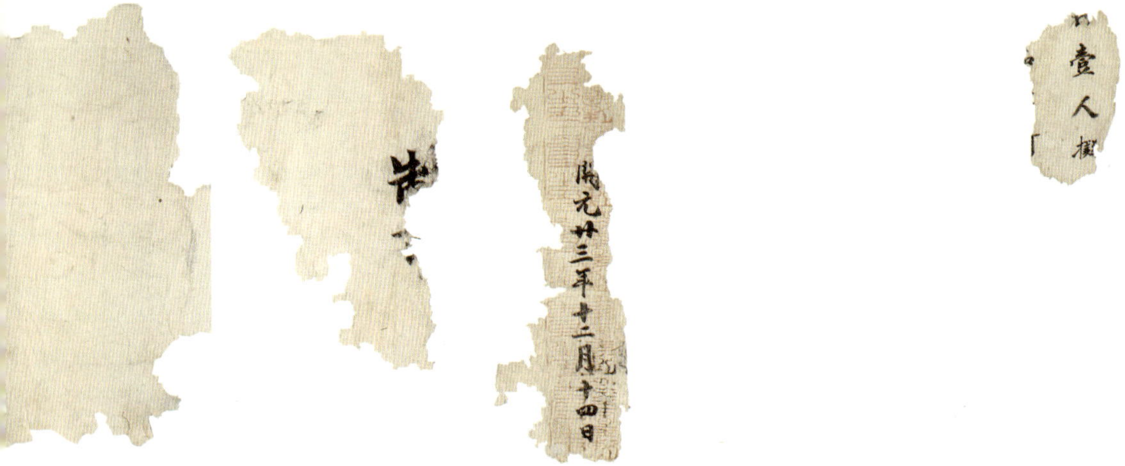

文書　圖一三　唐開元二十三年（735）十二月十四日告身綴合圖

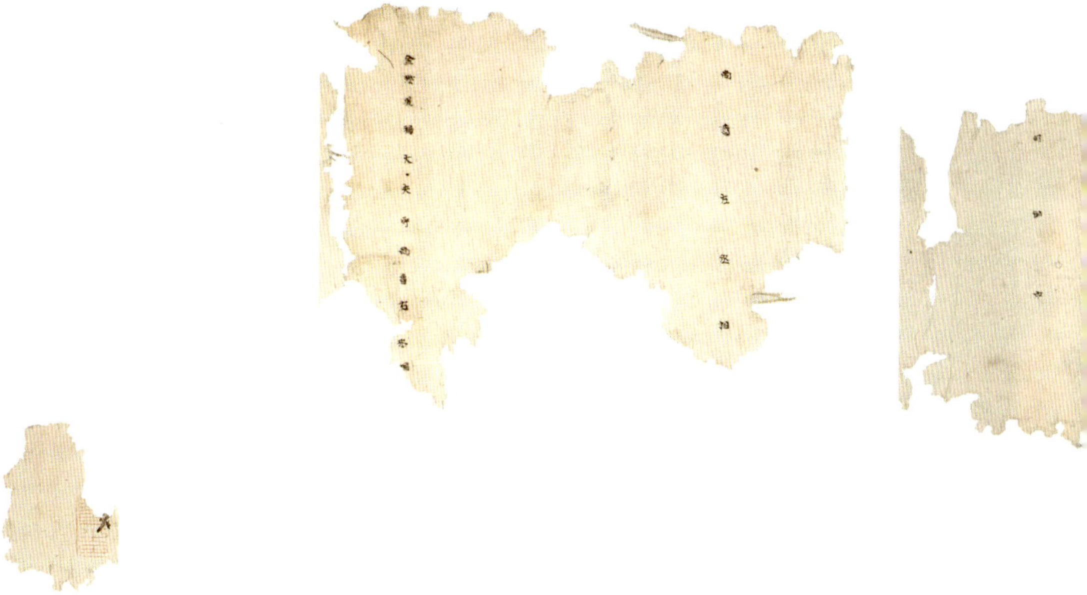

76TAF1:2v

76TAF1:1r

文書　圖一四　唐西州鸜鵒鎮遊弈所牒爲申當界見在人事綴合圖

76TAF1:1v

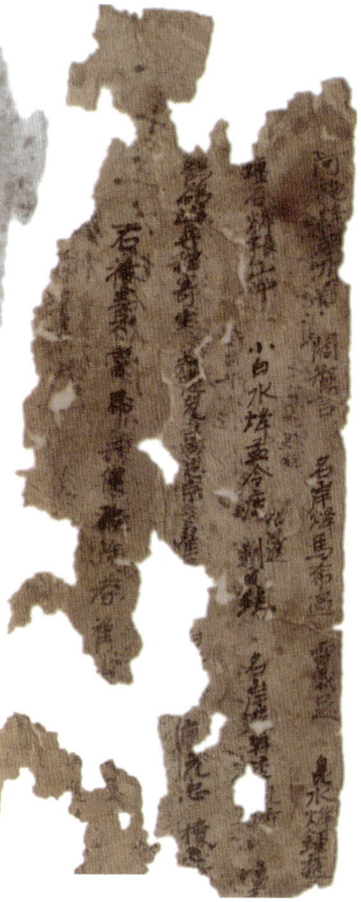

76TAF1:2r

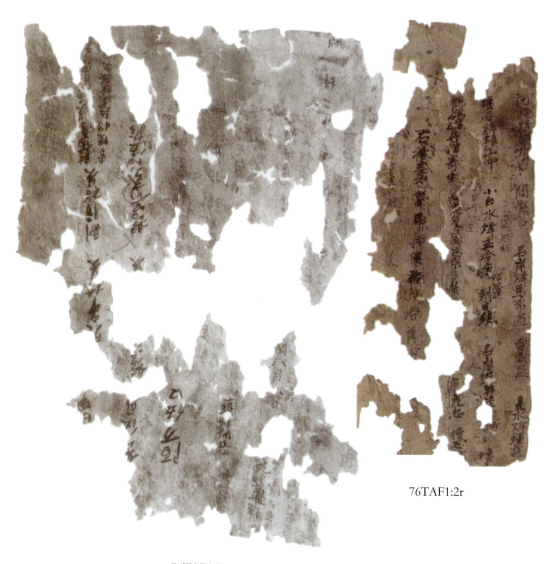

文書　圖一五　唐某年閏八月西州鸜鵒鎮將孫玖仙牒爲申當界兵健見在人事綴合圖

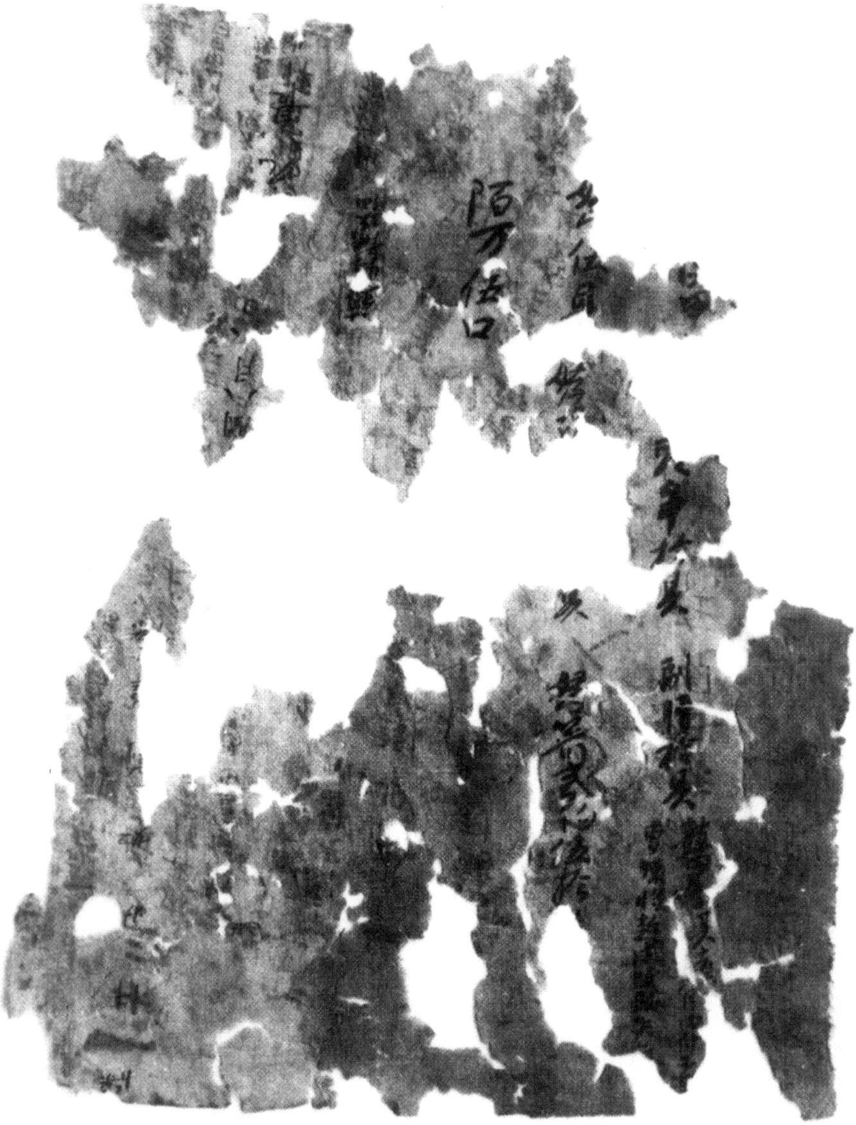

文書　圖一六 唐甲杖簿（76TAF1:1v）

76TAF1:4

76TAF1:4v

76TAF1:3

76TAF1:5

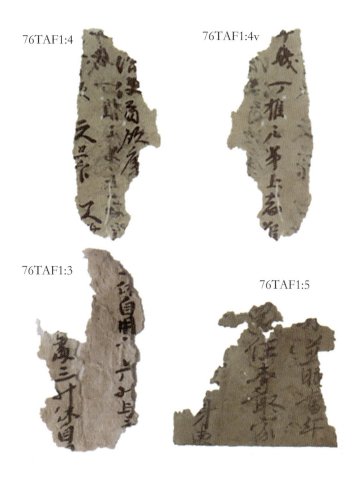

文書　圖一七　唐配粮帳（76TAF1:3）
圖一八　唐首領康等名籍（76TAF1:4）
圖一九　唐文書（76TAF1:4v）
圖二〇　唐某人借貸契（76TAF1:5）

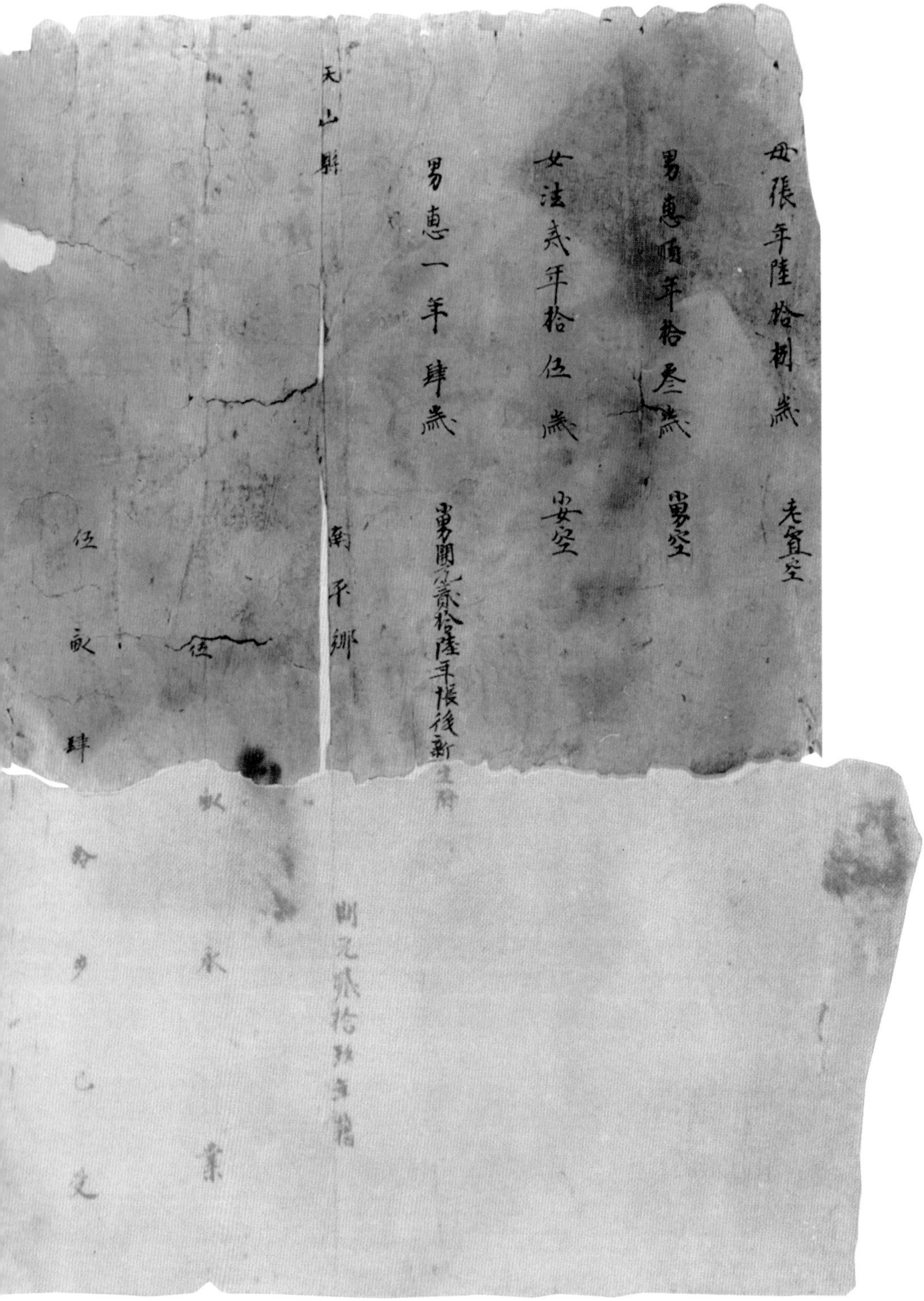
母張年陸拾捌歲　老寡空
男惠[illegible]年拾叁歲　小男空
女法貳年拾伍歲　小女空
男惠一年肆歲　小男開元貳拾陸年帳後新生附
天山縣　南平鄉
開元貳拾玖年籍

文書　圖二一　唐開元二十九年（741）西州天山縣南平鄉籍綴合圖

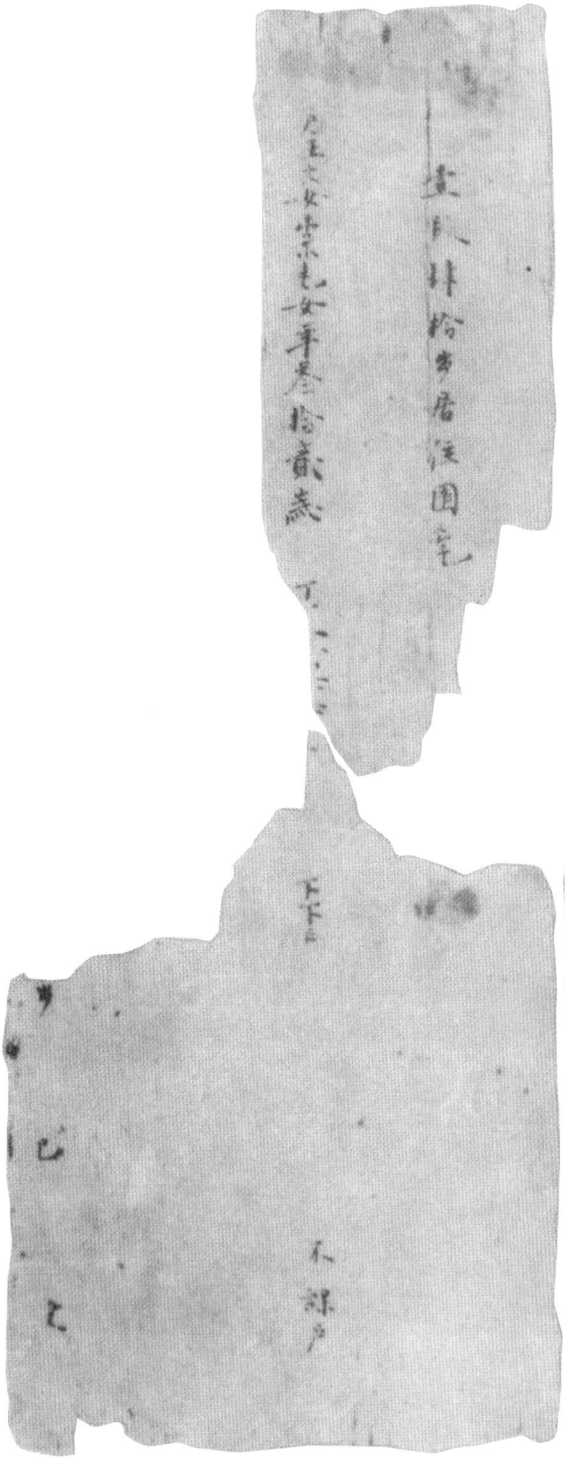

Ch 3457r

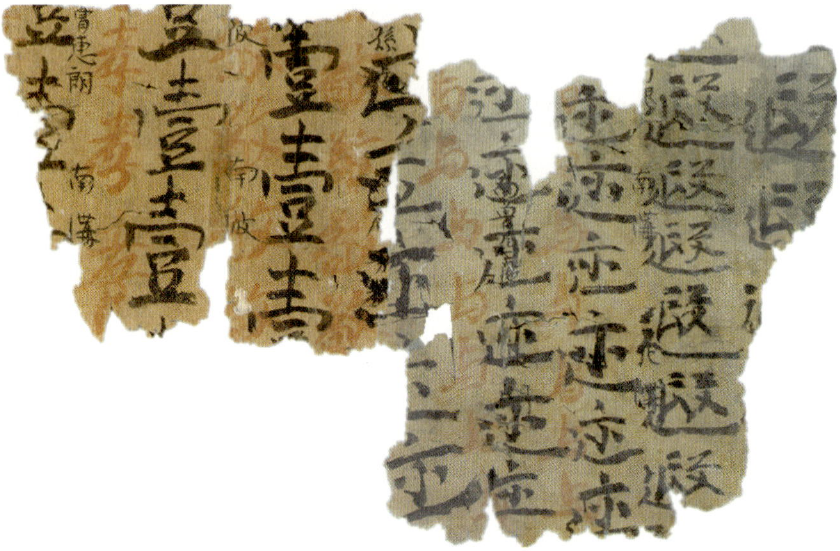

Ch 1234r

文書　圖二二 唐西州籍綴合圖

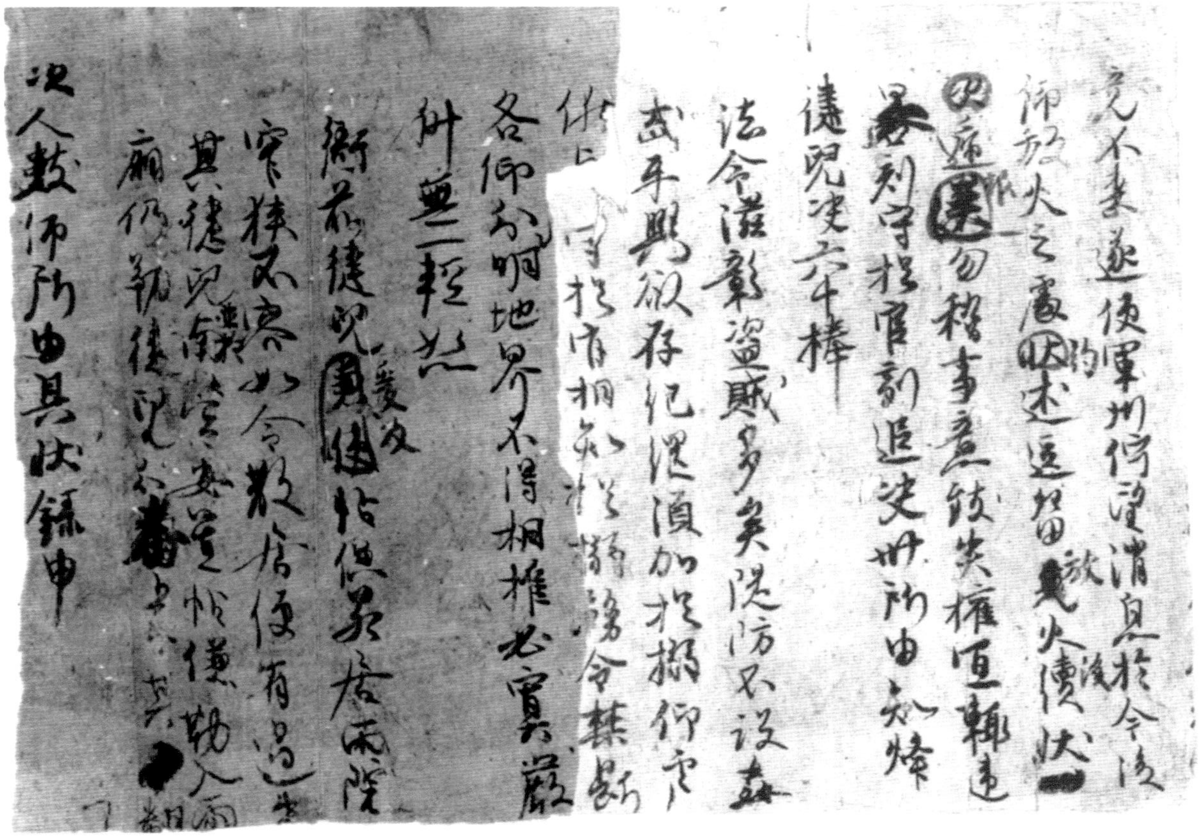

中國國家博物館38　　BD09330

文書　圖二三　唐軍府規範健兒等綱紀狀綴合圖

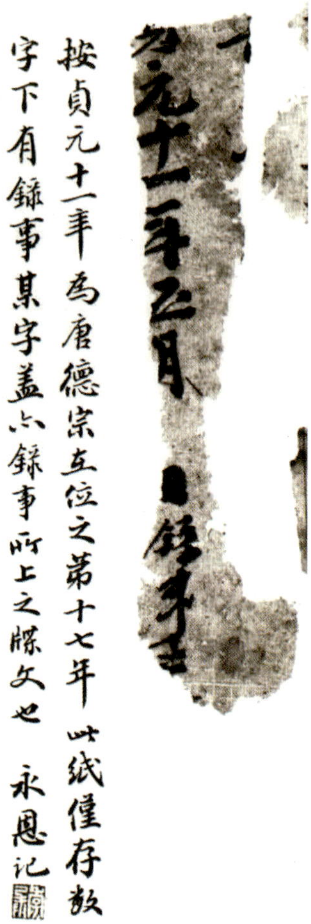

文書　圖二四　唐貞元十一年（795）録事某牒（静嘉堂文庫藏卷）

下編　文書

文書

前秦建元十三年（377）買婢契、建元十四年（378）買田券

Дx.11414v + Дx.2947v

據正面爲前秦擬古詩抄本，兩殘片可以綴合，徐俊推測正面先寫，廢棄後剪裁用於契券的書寫。前者 6 行，後者 5 行。

參：俄藏 10, 136 頁；15, 212 頁；徐俊 2002a, 205-220 頁；關尾史郎 2001, 45-46 頁；關尾史郎 2004, 71-74 頁；TTD supplement, A, 39；B, 43；陳國燦 2005, 111-112 頁；榮新江 2007b, 17-21 頁；徐俊 2016, 74-87 頁。

（一）Дx.11414v

1 □元十三年十月廿五日，趙伯龍從王念買小
2 幼婢一人，年八，顧賈（價）中行赤毬七張，毬即
3 □（畢），婢即過，二主先相和可，乃爲券書。
4 □券，後有人仍（認）名及反悔者，罰中
5 毬十四張入不悔者。民有私約，約當
6 □□（二主）。時人書券侯買奴共知本約。沽各□

（後缺）

（二）Дх. 2947v

1 □元十四年七月八日，趙遷妻隨［　　］

2 □□蘇息黑奴，買常田十七畝，賈（價）交

3 ［　　］張，賈（價）即畢，田即躡，□□

4 ［　　］□開分畔，西与王泄分畔

5 ［　　］□更□

（後缺）

北涼玄始十年（421）康口子等賃舍券

香港克里斯蒂拍賣行拍品1

尺寸為24×26cm，存7行（圖一）。

參：*Christie's Fine Classical Chinese Paintings and Calligraphy*, Hong Kong 2001, p. 25, No. 309；録文和研究見關尾史郎 2004, 75, 79-81頁；王素 2003, 73-74頁；張傳璽 2004, 362-364頁；關尾史郎 2005a, 67-72頁；榮新江 2007a, 31-32頁；王素 2011, 290-291頁。

1 玄始十年五月四日，康口子、黃頭、受恩母子三人，

2 以城東舍叁內，交与馬雄賃叁年，与賈（價）毯拾仵（伍）

3 張。賈即畢，舍即付。二主先和後可，
4 乃爲券書。券成之後，各不得
5 反悔，悔者罰毯卌張，入不悔者。
6 時人張先，書季芳，共知言要。
7 沽各半。

北涼承陽二年（426）十一月籍

Ch. 6001（T II T1537，MIK031718）

尺寸爲12.8×11.7cm，殘存户籍下半紙，各家復原不一，今據户籍格式，復原作14行。

參：西脇常記1997b，81頁，圖11；TTD supplement，A，9；B，5；西脇常記2002，44-45頁；關尾史郎2006，180-181頁；榮新江2007b，9-24頁。

（前缺）

1 □　　凡□
2 □　　承陽二年十一月藉
3 □
4 □
5 □□

6 □ 丁男一
7 □ 丁女一
8 □ 小女二
9 □十 凡口四
10 □ 承陽二年十一月藉
11 □
12 □ 老男二
13 □ 凡口二
14 □ 承陽二年十一月藉

（後缺）

北涼建平四年（440）支生貴賣田券

香港克里斯蒂拍賣行拍品2

尺寸为24.5×13cm，存6行（圖二）。

參：“*Christie's Fine Classical Chinese Paintings and Calligraphy*, Hong Kong 2001, p. 25, No. 309”；録文和研究見關尾史郎2004, 75, 81頁；王素2003, 74頁；張傳璽2004, 364-365頁；關尾史郎2005a, 67-72頁；王素2011, 291頁。

1 建平四年十二月十六日，支生貴田地南部干田

2 五口并床麦与道人佛敬，交賈（價）毯十張。田即付，
3 毯即畢。各供先相和可，後成券。
4 各不得返悔，悔部（倍）罰毯廿張。二主
5 各自署名。倩道人佛敬爲治渠。楊
6 嚴時見。

北涼建平五年（441）張鄯善奴夏葡萄園券

香港克里斯蒂拍賣行拍品3

尺寸为24.5×15cm，存7行（圖三）。

參：“*Christie's Fine Classical Chinese Paintings and Calligraphy*, Hong Kong 2001, p. 25, No. 309”；録文和研究見關尾史郎2004, 75, 82頁；王素2003, 74-75頁；張傳璽2004, 365-366頁；關尾史郎2005a, 67-72頁；王素2011, 292頁。

1 建平五年正月十一日，道人佛敬以毯貳拾張，□
2 張鄯善奴蒲陶一年。賈（價）既畢，蒲陶并注
3 索即躡畔相付。二主先相和可，不相逼强，
4 乃爲券書。券成之後，各不得反悔，悔者
5 倍罰毯肆拾張，入不悔者。民有私要，律

6 所不斷。官租酒仰敬。時人張奴子，

7 書券弘通，共知言要。沽各半。

北涼建平六年（442）田地縣催諸軍到府狀

中國國家博物館1

尺寸爲24.2×27.6cm。吐魯番出土，存7行，無官印，爲狀文草稿，有塗抹修訂處不一。原爲周肇祥舊藏，有「周肇祥所鑒定」長方印，見藝林月刊所刊圖版（圖四）。

參：藝林月刊53，1934年5月，10頁；唐長孺1978，19-20頁；唐長孺1982，160頁；唐長孺1989，357-358，384頁；吴震1983，29頁；法書大觀11，彩圖Ⅵ，123-124，220頁；榮新江2001，335-336頁；唐長孺2011a，370-371，394-395頁。

1 建平六年正月十二日，田地縣廷掾侯馥、李

2 珎，録事闞欽、闞林，兵曹張通、陳悦，

3 賊曹閻開、索珎，鎧曹闞苕、張慶等

4 召催諸軍破列，并箭工、鎧工、

5 拾角，明寅到府。若違召不到，廷掾、録事受

6 罰二百，主者受頓鞭，遠使一道。

7 召具。

（餘白）

高昌郡高昌縣都鄉籍

Дх. 8519v

存 1 行，僅存右半。

參：俄藏 14，60 頁；關尾史郎 2003，74-80 頁；關尾史郎 2006，181 頁。

（前缺）

1 高昌郡高昌縣都鄉□

（後缺）

大涼承平年間（443-460）高昌郡高昌縣都鄉孝敬里貲簿

北京大學圖書館藏 214＋中國科學院圖書館藏＋趙星緣舊藏

此貲簿由 20 斷片組成，正面按户登記土地并計貲，在每户户主名下，先登録上一次和本次造貲簿之間没有發生轉移的田地類型和數量，再登録産權轉移的土地情況，所記每塊土地都詳細標注田地所在位置、田地類型和具體數量，背縫有「有慈」押署。該組貲簿文書廢棄後，製成鞋底和鞋面隨葬。清末民初出自吐魯番勝金口等地，具體情況不詳。其中北京大學圖書館徵集到一鞋面、一鞋底，正背均黏貼貲簿殘片，有題籤云：「晉人書西陲田賦殘莂，新城王氏舊藏，吐魯番出土。」中國科學院圖書館徵集到三件鞋底，其中一件背面無字。又，1928 年 7 月 11 日出版的周肇祥編藝林旬刊第19、20期上，刊佈了兩件鞋底的正面（圖五A、B），其上黏貼若干殘片，可惜没有刊佈背面照片，該文書時爲趙星緣所藏，但目前不知所在。此處録文參考朱雷、町田隆吉、王素、關尾史郎等諸位成果製成。録文編號保留研究者已用之編號，三組文書分别以「北大圖」代表北京大學圖書館所藏部分；「科圖」代表中國科學院圖書館所藏部分；「趙藏」代表原趙星緣所藏部分，其中北大藏品亦補北大圖書館藏新號。第三號第9行「三斛」之「三」字旁有點迹。

參：藝林旬刊19，1928年第4版；藝林旬刊20，1928年第4版；朱雷1980，33-43頁；町田隆吉1982，38-43頁；北大2，238-239頁，附録30頁，彩版12；朱雷2000，1-24頁；王素1996a，75-77頁；關尾史郎2005b，42-56頁；裴成國2007，65-103頁；殷晴2007，128-129，140-142，425頁；王旭送2011，41-42頁；朱雷2012，1-25頁；殷晴2012，90-91，166-167，202-204，595頁；李艷玲2014a，73-88頁；李艷玲2014b，185-187頁；朱雷2016，19-44頁。

（一）北大圖1r（北大D214下）

（前缺）

1 菝（苜）宿（蓿）四畝，空地一畝半。［　　］

2 貲合二百廿八斛[五]□。

3 □順蒲陶十畝半，破三畝[半]［　　］

4 桑八畝半，常田十六畝□［　　］

5 无他田五畝。

6 田地桑一畝，空地二畝，入田地□［　　］
7 得馮善愛蒲陶二畝，常［　　］
8 桑一畝半入張葉奴。
9 田地桑一畝半，棗一畝半，空［　　］
10 得道人願道常田五畝半，以四〔畝〕［　　］
11 得吴達鹵土田十畝。
12 得馮之桑一畝半，貲五斛。
13 得貫得奴田地鹵土田三畝半。
14 田地沙車田五畝。
15 無他渠田五畝。
16 得齊浮鹵土田十一畝
17 貲合二百五十七斛。

（二）科圖1r

1 馮照蒲陶二畝半，桑二畝。
2 　常田十畝半。
3 無他田十五畝。

4 田地枯棗五畝，破爲石田，畝二斛。
5 興蒲陶二畝半，桑二畝。
6 常田十八畝半，無他田七畝。
7 泮桑二畝半。
8 得張阿興蒲陶二畝半。
9 得闞衍常田七畝。
10 得韓千哉田地沙車田五畝。
11 得張緒無他田四畝半，瓜二畝半。
12 貲合二百五十七斛。

----有----慈----（背署「有慈」）

13 貲合二百六十三斛。
14 康豪得田地辛沖蒲陶五畝。
15 得韓豊田地蒲陶五畝。
16 棗十畝。得牛纖常田五畝。
17 得闞桃保田地桑六畝，入韓豐。
18 得闞榮興田地常田五畝半。
19 得闞戠田地桑半畝，蒲陶一畝，鹵土田十畝，入

□桑□

（後缺）

（三）科圖2r

（前缺）

次常□

得范周田□

得畫猗奴□

田地沙車田□

道人知達常田七畝，貲廿一斛，寄貲。

貲合二百卌四斛五斗。

闞衍桑四畝。

常田十七畝，七畝入馮泮。

鹵土田十八畝半，田地棗十三畝半，三斛。

蒲陶□□畝二斛。

（後缺）

（四）科圖3r

（前缺）

1 ［　　］無他田三畝［　　］

2 ［　　］□無他田四畝。

（後缺）

（五）北大圖5r（北大D214上）

（前缺）

1 ［　　］常田六畝半。

2 ［　　］入趙顯。

3 ［　　］畝。

（後缺）

（六）北大圖4r（北大D214v上）

（前缺）

1 蒲陶五畝半，桑廿畝。

2 常田十四畝半，無他潢田十二畝。

3 無他田五畝。

（後缺）

（七）北大圖3r（北大D214v上）

（前缺）

1 出郡上鹵土田二畝□

2 出蒲陶二畝，入黄良。

3 出桑四畝，入黄良。

4 出常田七畝，入黄良。

5 □入黄良。

（後缺）

（八）北大圖2r（北大D214上）

（前缺）

1 □□鹵土田廿一畝

2 田地棗六畝半，蒲陶六畝半。

3 空地一畝，一斛。

4 新開田半畝，種桑。

5 貲合二百一斛。

6 潘靖常田六畝。

7 桑三畝，鹵土田□

8 得道人曇普桑二畝半。

9 貲合八十斛，薄後別。

10 □六畝，蒲陶五畝半。

（後缺）

（九）北大圖1v（北大D214v下）

1 ------有------------慈------

2 馮法政常〔田〕四畝。

3 貲合十二斛。

4 苻震弘常田七畝半。

5 石田九畝，蒲陶三畝半。

6 田地桑二畝，田地常田卅畝。

7 田地郡下鹵土田廿二畝。

8 得廉願田地桑二畝。

9 得田地道人僧威常田□□

10 得王整田地桑一畝，空地□□

11 □張慈桑一畝半。

12 ——有————慈————

（十）北大圖2v（北大 D214v 上）

（前缺）

1 ［　　］□桑一畝半。

2 得沙車虎石田半畝。

3 貲合廿八斛。

4 隗氏平桑二畝，入［　　］

5 侯暹桑二畝，□［　　］

6 出棗二畝半，入史□□［　　］

7 貲合廿斛。

8 宋通息桑二畝，入張得成。

9 貲盡

10 ［　　］得道人惠並常田二畝半，入張［　　］

11 ［　　］畝。

（後缺）

（十一）北大圖3v（北大D214上）

（前缺）

1 出桑一畝，入韓昌。

2 貲合廿六斛。

3 韓昌得韓登桑一畝。

（後缺）

（十二）北大圖4v（北大D214上）

（前缺）

1 □合□□

2 桑三畝半。

3 田三畝。

4 □合廿斛。

（後缺）

（十三）北大圖5v（北大D214v上）

（前缺）

1 □桑四畝。

（後缺）

（十四）科圖2v

（前缺）

1 得呂□田一畝半。

2 出鹵土田四畝，入田地道人惠政。

3 出鹵土田四畝，入宋居。

4 貲合二百廿一斛五斗。

其八十九斛□除。
百卌□□

（十五）科圖1v

（前缺）

1 齊都鹵土田八畝半，常田七畝。

2 棗七畝，石田三畝，桑二畝半。

3 得吳並鹵土田四畝半。

------有------慈------

4 貲合八十斛

5 右孝敬里

6 扣竟

7 校竟

8 ——有——慈——

（十六）趙藏1r（本片3至9行間塗墨，文字難以辨識。）

（前缺）

1 得范太常田四畝。

2 □張瑣常田彊三畝。

3 常田彊一畝半，貲五斛。

4 鹵土田二畝，入蓋□。

5 貲合百三斛。

6 □□□田□□八畝半。

7 貲合三斛，

8 □瑣桑二畝。

9 出常田强三畝，入□

10 出常田不滿三畝□

11 得王腊桑、蒲陶□

（後缺）

（十七）趙藏2r

（前缺）

1 □半，桑六畝半。

2 □田一畝半。

3 □

4 □二畝半。

（後缺）

（十八）趙藏3r

（前缺）

1 桑九畝半。

2 鹵土田六畝。

（後缺）

（十九）趙藏4r（本片塗墨，文字難以辨識。）

（前缺）

1 □無他田不滿二畝。

2 □鹵土田二畝。

（後缺）

（二十）趙藏5r（本片塗墨，文字難以辨識。）

（前缺）

1 □半，桑一畝半。

2 □六畝半。

3 得常田三畝，種桑。

4 得吴蕉鹵土田六畝半。

5 得大女侯鹵土田十二畝。

6 得大女東相鹵土田五畝。

7 得周願蒲陶□

8 貲合百□

9 □遠桑二畝。

10 横截鹵□□
11 石田二畝。
12 貲合百□。

高昌石垂渠諸地見種青苗曆

Дх. 2683v + Дх. 11074v

兩片直接綴合後，存16行。有些人名上下有圓圈標記。從字體、書風看，是五世紀中葉高昌國文書。

參：釋録2, 457頁；施萍婷1997, 317頁；俄藏9, 332頁；孟列夫1999b, 495頁；丘古耶夫斯基2000, 98-100頁，圖22；關尾史郎2001, 42-43頁；關尾史郎2002, 14-26頁；李艷玲2014a, 76頁；李艷玲2014b, 189-190頁。

1 □三畝床。
2 □十一畝半。
3 □　。阿留奴婆羅門十二畝。○
4 □　。闞延受十畝半。○
5 道人寶龍五畝半。　道人相保三畝。
6 都郭敏(?)佃趙儒十四畝。豆　官佃史□□□二畝。豆
7 展卯一畝。　半瓜半豆　王常生四畝半。豆

8 道人僧殷五畝。　　　　法林一畝半。

9 。智安四畝。

10 右石垂渠　合九十九畝廿九畝半豆 □□□瓜

11 □□張□十七半　五十八畝半□

12 　　　　半畝瓜。

13 □都合卌九頃廿二畝其卌五畝床。

14 　　　　十四畝半大麥。

15 　　　　卌八頃三畝半小麥。

16 □□陸頃七畝床

17 □慶□□三畝　展慶□　□□頃捌畝□

18 　　　　除□□□

（後缺）

高昌郡時期隨葬衣物疏

普林斯頓大學Peald 1b(G. 065)

尺寸爲 32.2×24cm，存 14 行。根據衣物疏所記部分物品以及「棺」在已知衣物疏中的年代，此文書應係高昌郡時期，主人爲女性。文書空隙處有今人鈐印：「雷音寺供養」。

參：王璞 2009, 63-70頁；Chen Huaiyu 2010, 106-108；圖 G. 065。

（前缺）

1 □緋擷（結）髮二枚　故路（綠）綪（績）擷（結）髮二枚

2 故□綪（績）尖一枚　故帛練覆面一枚

3 故碧綪（績）枕一枚　故絹單襖一領

4 故帛練單衫一領　故緋繡兩當（襠）一領

5 故紫漫（縵）襦一領

6 故帛練小褌一立　故帛練大褌一立

7 故漫（縵）緋袴一立　故絹單帬一立

8 故漫（縵）緋碧帬一立　故帛練袜一量

9 故色糸履一量　故練懷袖囊一具

10 故蹹臼囊一枚　故練手爪囊一具

11 故絹氈一領　故紫被一領

12 故兔豪千束　故糸千斤黃金千兩

13 故絹千匹　故雜色千匹

14 故黃桑棺一口，碧里銀釘，手糸銅錢。

15 □□□□

（後缺）

高昌國牛犢、驢出入曆

Дх. 2887

尺寸爲11.7×21.7 cm，存16行。第5行有「起四年四月一日盡伍年十二月十日依前新入牛犢合一百五頭」，所列牛犢放養地點有橫截、新興、柳婆等地，均爲高昌國地名，故知爲吐魯番文書。

參：俄藏10，112頁；關尾史郎2002，18-20頁。

（前缺）

1 [ ]□[頭]字　[ ]十四頭加騾

2 [ ]□頭字　[ ][一]十五頭加騾

3 起四年四月一日，盡[八]年十二月十日，依前新入牛犢合一百五頭，

4 出除七十二頭其廿九頭殿中屬用　卌三頭除□□□布施、死、入内、并充給雜用。

5 收皮一枚，付勾婆遣藏。

6 收筋一具，付趙昆。　二頭橫截病，即仰鎮分處陪未入。

今餘牛犢卅三頭其五頭新興縣養其一頭特 四頭字
廿六頭柳婆巢利放其一頭特 十頭㹀 十五頭字
依新入驢五頭二頭加 三頭字
二頭令出阿留字
一頭加付雙利入内磨
一頭加付殿中吏趙慶磨
一頭字付闞玄負丁驢出婆羅門
合出驢五頭盡除□□□
□□□□□

（後缺）

唐西州高昌縣典周建帖山頭等烽爲差人赴葦所事

Ch 2403（T II 1976）

尺寸爲21×20.9cm，存8行，字行草間。左慈隆又見阿斯塔那20號墓出土文書唐西州都督府下高昌縣牒（永徽三年/652）（吐魯番出土文書叁，474頁）、阿斯塔那332號墓出土文書唐龍朔元年左慈隆等種□畝數帳（吐魯番出土文書叁，148頁），可以判定本文書在永徽、龍朔前後。

參：榮新江 1996a, 83頁；榮新江 1998b, 318頁；Nishiwaki 2001, 71-72，圖12；陳國燦 2002b, 54頁；孫麗萍 2014, 101-104頁；陳國燦 2016, 19頁。

1 □　　帖山頭烽
2 □叁人并鐮自隨
3 □被州帖，奉處分，令山頭、橫城
4 □烽抽叁人。帖至，仰烽帥
5 □□差人付左慈隆進止，
6 □日赴蕃所，夜依式知更。
7 □月十三日典周建帖。
8 （畫押）令德白

唐西州高昌縣下武城城牒爲賊至泥嶺事

普林斯頓大學Peald 1er（G. 066）

29.8×17.5cm，存7行，上鈐有「高昌縣之印」。陳國燦據文書中「張父師」名與其他文書印證，推測本文書寫成於顯慶元年（656）十二月之前不久。今人托裱紙上有印「雷音寺供養」。背面爲佛教文獻。

參：Bullitt 1989, 17，圖9；陳國燦 1997, 109-112頁；陳國燦 2002b, 55-56頁；李方 2002a, 206-209頁；李方

2002b, 265 頁；Chen Huaiyu 2010, 108-110，圖 G. 066 ；程喜霖、陳習剛 2013, 750 頁。

1 高昌縣　　　　牒武城城

2 牒：今日夜三更，得天山縣五日午時狀稱：得曷畔戍主張長年

3 等狀稱：今月四日夜黄昏得探人張父師、侯君洛等二人口云：

4 被差往鷹娑已來探賊，三日辰時行至泥嶺浴（谷）口，遥見山頭

5 兩處有望子。父師等即入柳林裏藏身，更近看，始知是人，見兩

6 處山頭上下，始知是賊。至夜黄昏，君洛等即上山頭望火，不見

7 火，不知賊多少。既得此委，不敢不報者。張父師等既是望子，

（後缺）

唐西州諸户丁口配田簿

SI-3163/1

尺寸爲 26. 6×10. 6cm，存 5 行。此件與吐魯番出土唐諸户丁口配田簿（吐魯番出土文書叁，186-200 頁）相近。盧向前考證唐諸户丁口配田簿時代爲唐龍朔年間（661-663）（見盧向前部田及其接受額之我見——唐代西州田制研究之四，敦煌吐魯番研究 1, 1995 年，202-205 頁），此件時間或相距不遠。又第 4 行「善亮」，疑即麴善亮，見於武周載初元年（690）西州高昌縣寧和才等户手實（吐魯番出土文書叁，498 頁）。

參：京都國立博物館 2009, 90-91 頁。

（前缺）

1 □一　□□□　□□二　户主張□□一

2 户主賈祐胡一　男開造二　男青造二　户主張思賢二

3 户主郭海三　男定武二　户主史苟子二　弟獵仁二

4 户主魏養德一　男憧海一　已上交善亮田十七，東渠，西白化壯，南渠，北何赤頭。男軍住二　户主

大女車默默一

5 户主張□□一　男□□□□

（後缺）

唐咸亨二年（671）四月楊隆海收領闞祐洛等六馱馬價練抄

SH.148-4

28.7×15.8cm，本件全4行。「得錢肆」與「十八日付楊隆」旁均畫有指節。梁玉書（素文）舊藏，原裱於吐魯番出土唐人墨蹟（十五）中。

參：仁井田陞1937，40頁，圖4；金祖同1939a，761-762頁；金祖同1940，22頁，圖21；敦煌資料1，453頁；池田温1973，101頁；TTD III, A, 162；中村集成中，371頁；陳國燦2002b，87頁；程喜霖、陳習剛2013，821頁；包曉悦2015b，107頁；孟憲實2016c，170-171頁。

1 闞祐洛、田阿波六馱馬價練陸疋，張歡相練

2 叄疋，張惠照練叄疋半，准得錢肆拾
3 陸文。——————————|　|　|
4 　右件物咸亨二年四月十八日付楊隆海領。
　　　　　　　　　　|　|　|

唐西州柳中縣籍

Ch 1052(無原編號)

尺寸爲 19.3×15.4cm，存 4 行，字極細，學者推測爲七世紀後半所造户籍。户籍廢棄後，爲佛寺僧人用來寫經，其户籍文字間隙有倒書「(上殘)般若波羅蜜經一卷」，係題於紙條黏貼其上，下題「七級寺僧智德」，背面托裱，用爲佛經引首。按，前人多誤編號爲 Ch 1055。

參：Thilo 1970, 90，圖 8；土肥義和 1969, 107 頁；池田温 1979, 236 頁；TTD II, A, 48-49, 212-213；B, 100；榮新江 1998b, 316 頁；Nishiwaki 2001, 61-62；小口雅史 2006, 42 頁。

(前缺)

1 □□年拾伍歲 小女
2 　　　　　卌　步　已　受
3 □□一畝　　　　　卌　步　居　住　園　宅

(後缺)

唐某年西州天山縣籍

甘肅省博物館58.0070r

存5行。當出自墓葬，前後均殘，已折疊剪作腰帶之用，其中間兩折用濃墨塗黑，係腰帶外側，文字也被遮住。上鈐有朱印，據印痕可以定爲「天山縣之印」，故此可知爲唐西州文書。背面有如意元年（692）學生習字，用武周新字，據唐朝户籍州縣留五比（15年）的規定，此户籍年代在儀鳳二年（677）或之前。

參：陳國燦2002b，137頁；榮新江2018a，54-57頁。

（前缺）

1　　應受田叁拾陸畝　　□

2　　　　　　　　　　廿　□

3　一段二畝永業（常田）　城南一百步　　東主薄□　至道

4　一段一畝永業（部田四易）　城西七里　　東劉□□　至荒

5　　　　　　　　　　　　　　□張未

（後缺）

唐儀鳳二年（677）十月至十二月西州都督府案卷爲北館廚於坊市得莿柴、醬等請酬價直事

橘文書（大谷11035）、日本國立歷史民俗博物館藏卷、大谷1699＋3495＋2844＋2841右上部貼紙、大谷4924＋

1003 + 1259 + SH.177 上-9、SH.177 上-7、大谷 4930A + 1421、大谷 2841、SH.124-1、SH.177 上-1 + 大谷 1700、大谷 4905 + SH.177 下 8 + 大谷 4921、大谷 2842、SH.124-2、大谷 1032 + SH.124-3 + SH.177 上-10 + 大谷 1422、大谷 4895、大谷 2843、大谷 3162 + 大谷 3713、大谷 1423、SH.177 上 2、大谷 4896、大谷 2827、大谷 3163、SH.177 上8、SH.177 上 6

本組文書共有 23 件殘片，分别來自大谷文書、橘瑞超文書、中村不折藏文書等，目前橘文書已經有了大谷文書的新編號，中村文書也有了書道博物館的 SH 新編號，爲參照研究文獻的方便，這裏將新編號括注其後。日本國立歷史民俗博物館藏卷即 1990 年 11 月東京「古典籍下見展觀大入札會」上出售的北館文書，見於其展覽目録（圖六），後爲該館所得。其中有些部分可直接綴合，這裏用加號表示。從總體來看，本組文書内容當爲西州都督府管内北館廚於市購買莿柴、醬等物酬值之案卷。吐魯番出土，其中書道博物館藏卷均裱入柳中遺文册上。

參：訪古録卷二，11-12 頁；中村不折 1927，下，22-23 頁；金祖同 1939a, 757-758 頁；金祖同 1940, 6-8 頁，圖 4-1、2；7-8 頁，圖 4-3、4；10 頁，圖 6；11 頁，圖 7；13 頁，圖 11；14 頁，圖 13；大庭脩 1959, 367-380 頁，圖 41-44；内藤乾吉 1960, 52-89 頁，圖 5-9；西村元佑 1960, 417 頁；周藤吉之 1965, 533-534 頁；大庭脩 1985, 784-817 頁；西村元佑 1985b, 1096 頁；小田義久 1985, 108-129 頁；大津透 1990, 96-102 頁；古典籍下見展觀大入札會（1990 年），41 頁；孫曉林 1991, 251-261 頁；大津透 1993, 391-405 頁；李錦繡 1995, 472, 983-986 頁；小田義久 1996, 237-260 頁；李方 1996, 274-276 頁；榮新江 1996a, 190 頁；李方 2002a, 22-23, 67-68, 100, 103-107, 153, 199-201 頁；陳國燦 2002b, 99-107 頁；大津透 2006, 245-258 頁；中村集成中，272-273 頁；中村集成下，130-135, 139 頁；張娜麗 2010, 12-14 頁；李方 2011, 6-8, 32-33, 57-61, 86-88, 93-97, 151-153, 161-164, 243-244 頁；朱玉麒 2013, 45-46 頁；郭敏 2015, 9-30 頁。

（一）橘文書（大谷11035）

（前缺）

佐焦隆貞
史康智通
十月十七日録事氾文才受
參軍判録事 爽 付
連。恒讓白。
廿三日

（讓）

北館廚
莿柴柒車叁拾陸分（木柴一車准當莿柴三車，主朱里仁；莿柴一車，主朱智歡；莿柴三車，主竹進君。）
醬壹㪷五勝（三勝主張漢貞，一斗二勝主梁邵師。）
牒：在廚今月十六日料，須上件柴供客□。於
諸坊市得供訖，其主具如脚注，請酬價值。謹
牒。
儀鳳二年十月十六日典周建智牒
付司。義 示。

十七日
十月十七日録事　受
功曹判録事　爽　付倉
連。恒讓白。

（讓）

（二）日本國立歷史民俗博物館藏卷

（前缺）

廿三日
北館廚
莿柴柒車叄拾陸分（一車主張薩陁　一車主梁洪義　二車主竹慶之　三車主趙思禮）
醬壹㪷伍勝貳合（七勝主竹進君，八勝二合主陰永智）
牒：在廚於諸坊市得柴等供客訖，其
主具如脚注。請酬直，謹牒。
儀鳳二年十月十八日典周建智牒
付司。義　示。
十八日

十月十八日録事受
參軍攝録事讓　廿三日
連。恒讓白。
廿三日

（三）大谷1699＋3495＋2844＋2841右上部貼紙

□

北館廚
［　　］肆拾捌分
［　　］□文緒一車主道武隆
［　　］梁洪義
［　　］
牒：在廚從今［　　］於諸坊市
得上件柴醬，供［　　］，其主具如脚注，請酬
價直，謹牒。
儀鳳二年十月　日［　　］
付司。義示。

（義）

廿二日

史

廿二日録事　受

録事參軍　素　付

連。恒讓白。

廿三日

（後缺）

（四）大谷4924＋1003＋1259＋SH.177上-9

（前缺）

□直。　謹牒。

儀鳳二年十月　日典周建智牒

付司。義　示。

廿三日

十月廿三日録事　受

録事參軍　素　付

（讓）

7 檢案，恒讓白。

8 廿三日

9 牒檢案連如前，謹牒。

10 □月廿四日府史藏牒

11 柴。帖市檢今月三□

12 旬估上，餘後判。恒讓白。

13 廿四日

14 牒：帖市問柴估，未到間。檢有事至，

15 謹牒。

16 十一月廿八日府史藏牒。

17 連，恒讓白。

18 廿八日

（後缺）

（五）SH.177上-7

（前缺）

1 □供廿三

2 [　　]價直
3 [　　]典周建智牒
4 付司。義　示。
5 廿五日
6 十一月廿五日録事張文裕受
7 録事參軍　素　付
8 連，恒讓　白。
9 廿八日

（六）大谷4930A + 1421

（前缺）

1 牒：在厨於[　　]
2 客訖。其主具如脚註，請[　　]
3 儀鳳二年十月　日典周[　　]
4 付　司。義　示。
5 廿二日
6 十月廿六日録事張文裕　受

7 録事參軍　素　付

- -（讓）

8 連。恒讓白。

9 廿八日

（以下餘白）

（七）大谷2841

- -（讓）

1 北館廚

2 莿柴陸車伍拾肆分　一車主趙弘義　一車主趙延濟　一車主翟歌邏祿　三車伍拾肆分主趙祀富

3 右件柴去月廿七日料

4 莿柴陸車伍拾肆分　一車主宋元祚　一車主趙憧濟　四車伍拾肆分主白沙仁

5 右件柴去月廿八日料

6 莿柴陸車伍拾肆分　一車主張言達　一車主安昌城王隆　四車五十四分主麹君義

7 右件柴去月廿九日料

8 莿柴陸車伍拾肆分　六車五十四分麹張帥

右件柴今月一日料
牒件録從去月廿七日已來供北館廚莿柴數如前，
請付價直，謹牒。
儀鳳二年十一月　日知北館廚典高信達牒
付　司。義　示。
（讓）
一日
十一月一日録事　受
録事參軍　素　付
連。恒讓白。
十二日
（以下餘白）

（八）SH.124-1

北館廚
莿柴壹拾叁車肆拾捌分
一車主張文海　一車主令狐酒德　一車主康山海

4　二車　周處儉　二車主趙思禮　二車主竹慶之
5　二車主陰永智　二車主梁洪義
6　醬貳㪷肆勝，主周處儉
7　牒：在厨於諸坊市得前件柴等，供
8　今月廿六日廿七日客料訖，其主具件如前，
9　請酬價直，謹牒。
10　儀鳳二年十月　日典周建智牒
11　付　司。義　示。
12　廿八日

- - - - - - - - - -

13　十月廿八日録事受
14　録事參軍　素　付
15　依前，恒讓白。
16　廿八日
17　牒問估未到間更事重，謹牒。
18　十一月十三日府史藏牒
19　連。恒讓白。

十三日

（九）SH.177上-1+大谷1700

市司

莿柴壹車　准次估直

牒被責十月三旬估□

儀鳳二年十一月

丞景

令史

依前，恒讓白。

十三日

（以下餘白）

（十）SH.177下8+大谷4905+大谷4921

（前缺）

一㪷主辛德林，五㪷六升主高志静

車〔一車主骨黑羅　一車主楊如利一車主王本　一車主周守憧　一車主范寺　一車主馬海仁　一車主吕古仁　一車主蘇永洛　一車主苗氾□　□車主嚴達子　一十四車主白沙仁〕

[　　]□柴等。從今月八日至十二日供北館客
[　　]
[　　]□請裁，謹牒。
儀鳳二年十一月十三日典高信達牒
付司。義示。
十三日
十一月十三日録事　受
録事參軍　付
依前，恒讓白。
十三日
------------（讓）
市司
莿柴壹車准次估直銀錢壹文伍分
牒被責今月上中二旬柴估，依檢案内，件檢如前，謹牒。
儀鳳二年十一月廿日史　朱文行牒
丞翟　義恭
令史　建濟

並檢，恒讓白。
十三日

（十一）大谷2842

（前缺）

------------------------（讓）

（餘白）

醬一石一斗六升主辛德林　七升主竹進君　八斗六升主高志静
八升二合主陰永智　七升主張録石　三升主康支莫
二斗一升八合主趙思禮　三升主張漢貞　二斗七升主周處儉
一斗二升主梁邵師　七斗一升主史惠藏
右件醬，北館廚典周建智等牒稱。上件
醬料供客訖，請處分者。依檢，未有
市估。其柴各付價訖。
牒件檢如前，餘依本狀，謹牒。
十一月廿三日府史藏牒
北館廚典周　建　智　等牒

11 請酬刺柴價，各准估
12 付訖記。其醬牒市勘
13 估上，柳中縣申，供客柴

（讓）

14 往例取户税柴，今爲百
15 姓給復，更無户税，便取
16 門夫採斫用供，得省官
17 物，以狀下知。諮，恒讓白。
18 廿三日
19 依判，行止示。
20 廿三日
21 依判，義示。
21 廿三日。

（讓）

（十二）SH.124-2

1 市司件狀如前，牒至准狀，故牒
2 柳中縣主者，件狀如前，符到奉行。

儀鳳二年十一月廿三日
府　史藏
參軍判倉曹讓
史
十一月十三日受，其月廿三日行判。
録事張文裕檢無稽失
録事參軍　素　勾訖
牒市司爲勘醬估報事
下柳中縣爲供客柴用門夫採供事

（十三）大谷 1032＋SH.124-3＋SH.177 上-10＋大谷 1422

市司　牒上倉曹爲報醬估事
醬叄碩陸㪷貳勝　准次估貳勝，直銀錢壹文。
右被倉曹牒稱，得北館廚典周建智等牒稱，上件醬
檢，未有市估，牒至

丞翬　□□
令史　建濟
十二月十四日録事氾文才受
録事參軍　素　付
案，大爽白。
十八日
牒檢案連如前，謹牒。
十二月十八日府史藏牒
檢，大爽白。
□
醬一石一斗六升主辛德林　七升主竹進君　八斗六升主高志静
八升二合主陰永智　七升主張録石　三升主張漢貞　二斗七升主周處儉
一斗二升主梁邵師　七斗一升主史惠藏　三升康支莫　二斗一升八合主趙思禮
右得市司牒稱：上件醬二升准次估直
銀錢一文者，依檢案内，件主如前。
如前，謹牒。

□日府史藏牒

□別頭

（後缺）

（十四）大谷4895

（前缺）

□□件狀如前，牒至准狀，謹牒。

儀鳳二年十二月廿三日

府史藏

參軍判倉曹業

史

十二月十八日受，廿三日行判。

録事氾文才檢無稽失

録事參軍素勾訖

（十五）大谷2843

（前缺）

（鈐「高昌縣之印」）

1　　史蓋孝通
2　二月十八日録事張文裕　受
3　録事　參軍　素　付
4　檢案，恒讓白。
5　　　廿一日

（餘白）

-------------------------------（讓）

6　牒檢案連如前，謹牒。
7　　二月廿一日府史藏牒
8　待市估，恒讓白。
9　　廿一日

（以下餘白）

（十六）大谷3162＋3713

（前缺）

1　牒檢案連如前，謹牒。

-------------------------------（業）

五月一日府史藏牒

檢，業　白。

一日

□牒檢有事，謹牒。

五月七日府史□

連，業　白。

七日

（十七）大谷1423

（前缺）

五月七日録事　　受

録事參軍　素　付

依前，業白。

七日

（餘白）

（業）

（十八）SH.177上2

（前缺）

1 ［　　］價
2 ［　　］直，縣已牒市勘估，便上州訖。又得市司
3 ［　　］牒，報件勘正月二月三旬次估如前。
4 ［　　］□檢如前，謹牒。
5 五月九日府史藏牒
6 ［　　］具估□□□□

（十九）大谷4896

6 菹等具估主。牒別頭
7 酬直。諮，津業白。
8 九日
9 依判，諮，義示。
10 九日
11 依判，懷旦示。
12 九日

13 別頭。件狀如前。牒至准狀，謹牒。
14 儀鳳三年五月九日
15 府史藏
16 參軍判倉曹業
17 史
18 五月七日受

(二十)大谷2827

(前缺)

1 十五日

(餘白)

(讓)

2 牛石住莿柴廿五車　焦士嵩四車
3 右得市司狀稱，請酬柴價。依
4 檢，前件人柴不到。

(後缺)

(二十一)大谷3163

(前缺)

--------------------（業）

1 □府史藏牒

2 蒳柴估，牒市勘上。

3 諮，津業白。

（後缺）

（二十二）SH.177上8

（前缺）

1 牒：依問上件人，至今未答，謹□

2 十一月十五日府史藏□

3 檢，恒讓白。

（後缺）

（二十三）SH.177上6

（前缺）

1 □今未上，謹牒。

2 □藏牒

（後缺）

唐調露二年（680）前後西州柳中縣地畝文書

SH.169-1

幅約9寸，長1尺1寸，存14行，行書，記李勝連等人、寺名及土地畝數。有三處係朱筆書寫（用粗體表示）。本件無年月和地點，池田温據張君君、康海達在其他文書中出現的時間、地點，推斷本件寫於調露二年前後的柳中縣，並判定本件「可能是爲收納地稅，登録各鄉種植地段與穀種類別，確認現佃者名與畝數的一種准備性文書」。舊題「吐魯番出土」，有王樹枏的題跋，裱入吐魯番出土古人墨蹟六朝卷（二十三）册頁中。

參：池田温1998b，66-67頁，封底圖版；陳國燦2002b，111頁；中村集成下，62頁；朱玉麒2012a，86頁；包曉悅2015b，119頁。

（前缺）

1 李勝連四畝　□

2 毛君感三畝　嚴君通二畝　康才運四□

3 救厄寺□□　串住子四畝　丁慈仁二畝　高璋三畝　嚴貢二畝　王方四□

4 毛玄爽三畝　牛達住三畝　孫行智一畝　汜德海一畝　郭道恭三畝

5 張合德四畝　康玄敏二畝　救厄寺四畝　焦玄琮二畝　救厄寺□

6 楊仁本二畝　王真智二畝　□□□二畝　王玄素三畝　康海達二□

7 蘇慈藝五畝　張方四畝□王方四畝　嚴貢二畝　孫申海五□

8　串嘿女二畝　康龍姜二畝　高□[　　]□成三畝　康玄敏八[　　]

□頃九十三畝十四石六斗□

9　張君君欠青稞税六畝　傅奴子三畝[　　]□禮賢三畝　張行珪二畝

10　薛松節三畝　康□□六畝　□□□三畝　白盲子三畝　竹貞住二畝

11　白大金三畝　□師□□□　□孝忠□畝　鄭忠四畝　王孤易三畝

12　竹慈感十二畝　康住子六畝　韓師子一畝　翟天龍一畝　已上青□七十二畝

□□□□□

13　竹思敬十五畝　張彥釗五畝　僧玄定四畝　竹慈感十八畝　王歡□[　　]

14　雷思□[　　]□□

（後缺）

唐西州某府牒爲官牛患疾事

SI O/32(4112)

尺寸爲 12.3×29.5cm，存 5 行。

參：波波娃 2012, 208 頁；Popova 2012, 24-28。

（前缺）

1 　　在坊先衆社，如官牛有非理死損，社人易陪（賠）者。
2 牛壹頭烏㹀犍十二歲
3 　　右同前檢案内，得牛子李大寶狀，稱上件牛在群牧放，其牛卒得時患。從昨
4 　　□□□□食水草，既是官牛，不敢私默，請處分者。付主帥左玄珪等百方
5 　　　　　　　　　　□□食水草。謹連前判如前者。依前專看

（後缺）

唐垂拱二年（686）後西州差兵試判題

SH.148-2

尺寸爲 28.7×31.8cm，本件全 8 行，草書，據内容知爲試判命題。唐長孺考訂金牙軍差兵在垂拱二年左右，則本試題當成於此後。梁玉書（素文）舊藏，原裱於吐魯番出土唐人墨蹟（十五）中。

參：金祖同 1939a, 753-754 頁；金祖同 1940, 1-2 頁，圖 1；菊池英夫 1961, 85-86 頁；菊池英夫 1962, 50-51 頁；唐長孺 1983c, 439-454 頁；中村裕一 1991, 43, 162 頁，圖版 9；陳國燦 2002b, 125 頁；中村集成中，371 頁；唐長孺 2011b, 182-195 頁；程喜霖、陳習剛 2013, 528-529 頁；包曉悦 2015b, 107 頁；劉子凡 2016a, 210 頁。

1 奉刺西州管内差兵一千二百人。准
2 敕唯取白丁、雜任，不言當州三衛。今奉金
3 牙軍牒，其三衛一色，在　敕雖復無文，

4 軍中異常要籍，若其不差，定闕撓
5 事。今若依牒差去，便是乖於　敕文；
6 必其固執不差，闕撓罪當極法。二塗
7 得失，若爲折衷？ 仰子鴻筆，決此狐疑。

唐垂拱四年（688）九月西州衛士李圈德辭爲請免番事

SH.177 上-5

本件上下及後面被剪切掉，存3行。吐魯番出土，裱入柳中遺文册上。

參：金祖同1940，17頁，圖16；菊池英夫1962，49頁；陳國燦2002b，128頁；中村集成下，132頁；程喜霖、陳習剛2013，5頁；包曉悦2017，147頁。

1 垂拱四年九月　日衛士李圈德辭：
2 □司圈德去年五月内被差□
3 □王府逢番，請准例免番。□
（後缺）

周天授三年（692）西州某縣大女史女輩等户籍

SH.169-3

存10行。紀年缺，「年」字用武周新字，據4、5行注「永昌元年（689）帳後死」，池田温1979推測可能爲天授三年籍。其中第1、2行用淡墨圈去，旁有淡墨字跡，與「一段一畝」同。舊題「吐魯番出土」，有王樹枏的題跋，裱入吐魯番出土古人墨蹟六朝卷（二十三）册頁中。

參：仁井田陞1936，80-81頁；仁井田陞1937，677-678頁，圖20；土肥義和1969，95，108頁；池田温1979，81-82，238頁；TTD II，A，65；TTD II，B，103；陳國燦2002b，136-137頁；中村集成下，62頁；朱玉麒2012a，86-87頁；包曉悦2015b，119頁。

（前缺）

1 一段二畝永業 部田三易 城東□渠 東員通 □
2 一段七十步居住園宅
3 户主大女史女輩年叁拾陸歲 丁寡代男貫 不□
4 男那你盆年玖歲 小男永昌元年帳後死
5 女迦勒年拾叁歲 小女永昌元年帳後死
6 女筨施年拾肆歲 小女
7 五畝永業
8 五畝卌步已受

（後缺）

唐如意元年（692）學生高待義習字

甘肅省博物館58.0070v

存8行，用唐西州天山縣籍背面習字，用武周新字，所習多爲官文書用語。

參：陳國燦 2002b, 137頁；榮新江 2018a, 57頁。

（前缺）

1 □頭□黄龍泉雪□

2 牒檢案連如前，謹牒。　牒得户曹參軍

3 牒得户曹參軍牒稱，去五月五日内分付

4 如意元年　月　日　學生高待義辭

5 縣縣學　學在官興。檢，檢案連如前。

6 縣司，待義家宅，總在新興，今收刈時

7 至，使往人人拾，恐官府點檢不到，望請

8 □□□□□□□□□□□□

（後缺）

唐帳曆

甘肅省博物館藏卷

存7行。唐朝文書。來歷不明，録自展覽陳列品，姑附在甘博藏文書後。

（前缺）

1 九十三斤十二兩五勺得銀錢

2 □□兩百文 付□領。

3 卅九斤七兩半未賣。

4 駝毛八百七十斤

5 卌五斤　一斤半賣得。

6 合計得錢卅文，納入。

7 八百廿三斤未賣

（後缺）

周天册萬歲二年（696）一月四日關

MIK III 172（無原編號）

尺寸爲27.5×13cm，存2行，「天」、「年」、「月」、「日」用武周新字，係某司關文尾部（圖七）。

參：榮新江1996b，316頁；榮新江1998b，322頁；Nishiwaki 2001，68，圖10；雷聞2007a，142頁。

（前缺）

1 □件狀如前，今□々至准　敕，謹關。

2 天册萬歲二年壹月四日

（餘白）

周聖曆二年（699）二月西州五品子鄧遠牒爲勘問銀錢價等事

静岡縣磯部武男藏002

本件由二片組成，尺寸分别爲28.8×14.6cm，27.7×6.5cm。用武周新字。

參：丸山裕美子1999，20-23頁；陳國燦2002b，149-150頁。

（一）

1 牒：被問，得伯款：還牛價練總還

2 幾疋？仰答者。謹

（後缺）

（二）

（前缺）

1 錢是何處

2 與邢君成等各與銀錢價銅錢壹拾叁文

3 有實。被問依實，謹牒。恭

4 聖曆二年二月　日五品子鄧遠牒

5 連恭白

6 七日

周大足元年（701）西州高昌縣順義鄉籍

大谷 5452r＋LM20-1523-06-53v、LM20-1451-38-01v、SH.125-2r、SH.125-3r、SH.125-4r、SH.125-5r、SH.125-6r、SH.125-1r、Kr.4/654r、大谷 5059r、Mannerheim MS 151-1r、Mannerheim MS 151-5r

本户籍殘存12片，分屬日本龍谷大學圖書館藏大谷文書、旅順博物館藏大谷文書（LM）、俄羅斯東方文獻研究所藏克羅特科夫收集品（Kr）、書道博物館藏卷（SH）、芬蘭馬達漢收集品（Mannerheim MS），其中六件殘片背面爲佛經目録，可以據以排列順序，并做個别文書的綴合（圖八）。户籍用武周新字，池田温據「聖曆二年帳後點入」記載，推測爲大足元年籍。書道博物館藏卷原爲王樹枏收藏，有王樹枏、高樹等人跋，并裱入户口册中。

參：中村不折 1927，下，24 頁；仁井田陞 1936，81 頁；仁井田陞 1937，682-683 頁；土肥義和 1969，95，108 頁；池田温 1979，238-239 頁；TTD II，A，66 頁；B，103 頁；陳國燦 1990，408 頁；朱雷 1990，514-515 頁；陳國燦 1999，40-41 頁；大谷文書集成叁，111，178 頁；陳國燦 2002b，156 頁；中村集成中，274-275 頁；孟憲實 2009，142 頁；姚崇新 2011，405-406 頁；朱玉麒 2012a，94 頁；劉安志 2014，140-141 頁；西脇常記 2016，192 頁；何亦凡、朱月仁 2017，197-214 頁。

（一）大谷 5452r＋LM20-1523-06-53v

（前缺）

（「順義鄉」）

1 [　　]康得口　東至荒　西至□　南至□　北至□

（後缺）

（二）LM20-1451-38-01v

（前缺）

1 [　　]□後被括使析於本鄉共女張弥妻下附

2 [　　]八畝永[　　]

3 [　　]八畝七十步已受

4 [　　]七十步居[　　]

5 [　　]五十二畝半五十步未受

6 [　　]伯橦？　西至道　南至渠

（後缺）

（三）SH.125-2r

（前缺）

1 一段一畝永業（部田）□

2 一段二畝永業（部□）□

3 □段卌步居住園宅

（後缺）

（四）SH.125-3r

（前缺）

1 □荒　西石衛　南張禮　北石衛

2 □　西至渠　南至石　北至渠

（後缺）

（五）SH.125-4r

（前缺）

1 □荒　西至渠　□

（後缺）

（六）SH.125-5r

（前缺）

1 □　西至渠　□

（後缺）

（七）SH.125-6r

（前缺）

1 □□□□年帳後括附

2 □聖曆二年帳後點入

3 □□□□年帳後點入

（後缺）

（八）SH.125-1r

（前缺）

1 男智力年貳拾玖歲　衛士

2 女醜始年拾陸歲　中女

（後缺）

（九）Kr. 4/654r

（前缺）

一段十五畝一百六十步永業　　五里□
一段二畝永業　常田　城西六十里交河□
□斯越磨寺□
合當寺尼總貳拾柒人□
□人　破　除□
□人　籍　後□
（後缺）

（十）大谷5059r

（前缺）
□老男　聖曆□
□檢括附田宅并□
□丁寡　聖曆二年帳□
（後缺）

（十一）Mannerheim MS 151-1r

（前缺）
□卅　步□

2　一段□□□□　居住園宅

3　户主小女索定定年□　聖曆二年帳後括附　不課户

4　□□　□　卌　步　已　受

5　□□　居　住

（後缺）

（十二）Mannerheim MS 151-5r

（前缺）

1　□小男□□

2　□卌　步□

（後缺）

周西州高昌縣籍

Ch 1815v（T II T 1137）

尺寸爲 15.5×18.6cm，本件正背均有「高昌縣之印」（5.4×5.5cm），另一面佛典左上角亦有殘印痕。正面爲佛典，用武周新字，上殘存籍帳貼附痕跡，可以復原出三行文字，背面户籍存六行。實際上户籍先寫，後抄佛典。吐峪溝遺址出土。

參：Thilo 1970, 90-91，圖 9；土肥義和 1969, 119 頁；池田温 1979, 240 頁；TTD II, A, 54-55, 206；B, 106；榮

新江 1998b, 317 頁 "; Nishiwaki 2001, 62 "; 小口雅史 2006, 42 頁。

背面：

（前缺）

1 □□田陸　拾　壹　畝　　肆　［　　］

2 　　　　　　　伍　拾　畝　［　　］

3 □□□□半永業［　　］城西拾里武城渠　東至道［　　］

4 □□□畝　永業 常田 城西拾里武城渠　東至渠［　　］

（後缺）

正面貼附斷片：

（前缺）

1 ［　　］城西［　　］東麴［　　］　　［　　］

2 ［　　］畝永業 部田參易 城西柒（？）里屯（？）□渠東白（？）誨女［　　］

3 ［　　］城西拾伍里［　　］東［　　］　　［　　］

（後缺）

唐神龍三年（707）十月西州某縣史李思一牒爲准狀科料事

高昌殘影 239 號

尺寸爲 16.3×18cm，存 5 行，第 1、2 行間有朱筆「勘同」二字，又第 2 行月日上有朱筆「印」字，表示此處當施印。李思一名又見於神龍三年西州某縣事目曆（73TAM518：3/3<b>），故定本件爲神龍三年。藤枝晃推補年號爲「景龍」，不取。

參：高昌殘影，圖版 XLVI；古寫本展，No. 31；陳國燦 2002b，180-181 頁；藤枝晃 2005，144 頁。

（前缺）

1 □□牒至准狀科料。故牒。

勘同

2 □□龍三年十月四日史李思一牒

3 主簿判尉杜敬

4 □□十月六日録事在州

5 □□簿　　敬　　　　付兵

唐安十三欠小麥價錢憑

Дx.11413v

尺寸爲 8×29.2 cm，存 4 行。正面爲唐律疏議卷一五廄庫律抄本。

參：俄藏 15, 212 頁；陳國燦 2005, 109-110 頁；陳國燦 2010, 183-184 頁。

1 宇文天約妻安十三負王敬全小麥價錢二千
2 二百文，待發輪臺車到日。
3 　　　　檢案宴示
4 　　　　　　十五日

唐開元二年(714)二月二十四日西州都督府兵曹牒蒲昌府爲寇賊在近請各檢防務事

遼寧省檔案館藏卷 1

本件爲蒲昌府文書，陰達、麴相見於日比野丈夫 5、10、13、15、19、33 號文書。第 5、9 行記年月處，有朱文印，文曰「西州都督府之印」。

參：遼寧省檔案館 1982, 3 頁；榮新江 1985, 30-31 頁；陳國燦 2001, 88-92 頁；陳國燦 2002b, 192 頁；李方 2011, 139-140 頁；程喜霖、陳習剛 2013, 128 頁；王永興 2014a, 306 頁。

（前缺）

1 □□□□□□□
2 □今并倚團，寇賊在近，交
3 □邊要守捉，今年請各析
4 □牒縣准狀者，此已牒縣訖，牒

□
開元二年二月二十四日
　　府陰達
□寶
　　　史
二月三十日録事麴相受
司馬闕

唐開元二年（714）二月三十日西州都督府下蒲昌府牒爲差替人番上事（尾部）　唐開元二年（714）閏二月統押所狀上蒲昌府爲諸烽兵丁長探等事

羽620-1

尺寸爲24.8×32.4cm。根據内容可知此件係吐魯番出土所謂蒲昌府文書的一件，前面1-4行實爲日本寧樂美術館藏17(2)號文書唐開元二年(714)二月三十日西州都督府下蒲昌府爲差替人番上事的牒尾。第1,2行間有朱印一方，印文無法辨認，當是「右玉鈐衛蒲昌府之印」。第5行以下是唐開元二年(714)閏二月統押所狀上蒲昌府爲諸烽兵丁長探等事。

參：敦煌秘笈8，269-270頁；榮新江2016b，24頁；劉子凡2016b，203-218頁。

（前缺）

閏二月二日録事麴相受
司馬　闕
連，慶示
二日
□□統押所　　狀上府
□界諸烽兵丁長探等
右今日酉時被府牒稱：其應北面遊弈、烽人、長探之類，並□
果毅量事處置，點檢、發遣訖上，仍並牒知者。官人當□
循還各次，次到處置，各用己謀。今牒遣知，准文恐招自累，
遣點知到，不即敢依遵。若勒處置烽人，此月番次未到。
都巡處置火急，即録狀上府聽裁，并牒李昭，准府牒點檢，
待都巡取穩處置，准牒量遣般次人訖，應次般人具名速報，
待諸路支探望候者。謹録狀上。
牒件狀如前，謹牒。
開元二年閏二月一日酉後典蒲洪牽□
統押官果毅陰壽
付司，玉示。

（後缺）

唐開元二年（714）閏二月蒲昌府范何祚牒爲張建方等倚團及入于諶城事

遼寧省檔案館藏卷2

本件爲蒲昌府文書，「張建方」見於日比野丈夫36號文書。于諶城見東京國立博物館藏唐開元四年（716）西州柳中縣高寧鄉籍、書道博物館藏唐開元二十九年（741）六月十日西州真容寺買牛契，據前者，位於高寧縣城東六十里。

參：遼寧省檔案館1982，4頁；榮新江1985，31頁；陳國燦2001，92-93頁；陳國燦2002b，194-195頁；程喜霖、陳習剛2013，135-136頁；王永興2014a，306-307頁；劉子凡2016b，213頁。

（前缺）

[　　]二[　　]
牒檢案連如前，謹牒。
閏二月　日府范[　　]
張建方等稱：有□[　　]
效，准式並合倚團，[　　]
就（？）判，待賊寧，當[　　]
口勒上于諶，狀不□[　　]

8 ［　　］□有事抽入于［　　］
9 ［　　］□職掌牒城□［　　］
（後缺）

唐開元二年（714）三月二日蒲昌府牒爲補人替姜德遊弈事

遼寧省檔案館藏卷3

本件爲蒲昌府文書，「姜德」見於日比野丈夫9、15、36號蒲昌府文書。

參：遼寧省檔案館1982，5頁；榮新江1985，31頁；陳國燦2001，93-94頁；陳國燦2002b，198頁；李方2011，140-141、382-383頁；程喜霖、陳習剛2013，744-745頁；王永興2014a，307頁。

（前缺）
1 申者，依檢姜德合閏［　　］
2 患，差鎮副史崇來月［　　］
3 玉替德遊弈訖者。　姜德［　　］
4 玉來月遊弈，牒府速發遣［　　］
5 　　　　開元二年［　　］
6 　　　　　　府［　　］
7 兵曹參軍寶

8 ［　　］
9 三月二日録［　　］
10 司馬 闕 ［　　］
11 檢案玉［　　］
（後缺）

唐開元二年（714）三月六日蒲昌縣牒蒲昌府爲勘梁成德身死事

遼寧省檔案館藏卷4

本件爲蒲昌府文書，「梁成德」見於日比野丈夫12、25號蒲昌府文書。有朱印，文曰「蒲昌縣之印」。

參：遼寧省檔案館1982，2頁；榮新江1985，30頁；陳國燦2001，94-95頁；陳國燦2002b，199頁；程喜霖、陳習剛2013，142-143頁；王永興2014a，306頁。

1 ［　　］梁成德 今月二日身死
2 ［　　］□得上件人男大珎辭：今月二日身
3 ［　　］□責牒府下鄉准式者。准狀勘同
4 ［　　］□梁成德身死，勘責不虚，各
5 ［　　］□准式仍牒上州户曹者。此已

6 □訖，今狀，牒至准狀，謹牒。

7 　　開元二年二月六日□

（後缺）

唐開元二年（714）六月某府牒爲折衝七月仗身事

羽620-2

尺寸爲23.6×44.8cm。有朱印一方，印文爲「右玉鈐衛蒲昌府之印」。第10行以下有約五行空白，後紙縫，上書「玉」字。

參：敦煌秘笈8，269-270頁；速水大2011，32-35頁；榮新江2016b，24頁；劉子凡2016b，205-206頁。

（前缺）

1 折衝七月仗身：白君定、王任端、朱以承、曹仁行□

2 牒折衝，准州牒，停其前件仗身□

3 分，謹以牒舉，謹牒。

4 　　開元二年六月　日府□

5 　　付司，玉示。

6 　　　　二十□

7 六月二十八日録事□

8 司馬闕

9 檢案，玉示。

10 二十

11 玉

12 牒檢案連如前，謹牒。

唐開元年間西州都督府牒爲調度有闕及當界遊弈件注番第事

中國國家博物館 8086

本件全7行。第2、3行間有朱印一方，印文爲「西州都督府之印」（圖九）。此件與日本寧樂美術館藏17（2）號文書唐開元二年（714）二月三十日西州都督府下蒲昌府爲差替人番上事筆跡相同，且此件中的「寇賊在近」等事與開元二年蒲昌府相關文書的内容密切相關。可知此件係吐魯番出土所謂蒲昌府文書的一件。

參：程喜霖1991，321-322，405頁；程喜霖、陳習剛2013，21頁；程喜霖2013d，385頁。

（前缺）

1 捍調度有闕者，速即狀上，仍便令烽人收貯

2 使足，於後差州官點檢。有不充格數者，遊

3 弈鎮戍府縣巡官并當界後差旅帥，各決

4 杖陸拾，仍依科罪者。寇賊在近，百計須防，諸

5 府主帥豈得安然，當界賊路要切捉搦者，
6 番之次配，令當界遊弈踏伏，件注番第，具
7 [如]脚注。各牒所由，依此發遣。

唐蒲昌府府兵名籍

遼寧省檔案館藏卷5

本件爲蒲昌府文書，筆跡和日比野丈夫3號蒲昌府文書相同。第9行康武實，第10行郭晉才名旁有朱點。

參：遼寧省檔案館1982，4頁；榮新江1985，32頁；陳國燦2001，96頁；陳國燦2002b，215頁；程喜霖、陳習剛2013，307-308頁。

（前缺）

1 ［　　］□　白圈子　白員才　張玄道　石惠仁
2 ［　　］□元尚　樊幢海　安山海
3 ［　　］安懷洛　楊住洛
4 ［　　］[身]　令狐端達　安洪奕　丘君貞
5 ［　　］身　馬文行　裴文梁　孫道行
6 ［　　］身　翟超仁　康胡達　竹行子
7 ［　　］[身]　支神通　何慈力

8 □□玄德　姜達子
9 □□君　張禮仁　康武實　周仁來　趙才通
10 □□郭晉才　卜慈通　田龍敏　小馮仁通

（後缺）

唐西州府兵同火名籍

Ch 1256（T III 291）

尺寸爲 30×25.4cm，正背書，各二行，記火長康天忠以下十人名。正面字較大，背面字較小，頗整嚴，爲正式名籍。

參：榮新江 1998b，316 頁；Nishiwaki 2001，83-84，圖 10。

正面：

1 火長康天忠、鄧大申、翟才好、白玉忠、趙奴子、張孝方、
2 何思義、張忠臣、曹黑子、馬無言，已上十人同火。

背面：

1 火長王善順
2 鄧□□

（後缺）

唐開元三年（715）西州百姓欠地子條記

普林斯頓大學 Peald 1d（G. 067）

28.5×18.5cm，存7行。今人托裱，有「雷音寺供養」印。

參：Chen Huaiyu 2010, 110-112，圖 G. 067。

（前缺）

1 □□□□□□□□

2 月十二日。

3 翟阿甑欠地子壹，從□舉取納，至八月衣（依）鄉元還貳㪷，

4 開元三年二月十二日。

5 李女々欠地子肆㪷肆勝，從□縣車坊舉取，衣（依）

6 鄉元捌㪷八勝。出當官李遊秦，開元三

7 年二月十二日。

唐開元四年（716）西州柳中縣高寧鄉籍

東京國立博物館藏卷 + SH.126-1

東京國立博物館藏卷由二片組成，原貼於吐魯番出土樹下人物圖背面，第一片存41行（29×140cm），記江義宣、王孝順、索住洛等户人口田畝狀况；第二片存29行（29×140cm），後部可與書道博物館所藏SH.126-1文書斷片綴合，書道博物館殘片尺寸爲28.5×52.8cm，存14行，記大女白小尚、大女陰婆記二户人口田畝狀况，多處鈐「柳中縣之印」。縫背署「柳中縣　高寧鄉　開元四年籍」，並鈐有「柳中縣之印」。户籍廢棄後，用於裱糊樹下人物圖背面，隨圖出土於吐魯番。

參：中村不折1927，下，24-25頁；仁井田陞1937，686-687頁，圖21，22；西村元佑1959，329-331，333頁；敦煌資料1，135頁；周藤吉之1965，144-145頁；土肥義和1969，95，108頁；東京國立博物館圖版目録　大谷探檢隊將來品篇（1972），圖2-3～4；池田温1975，74-76頁；池田温1976，66-70頁；池田温1979，圖18，77，81-82，85，243-247頁；高昌殘影1984，112頁；西村元佑1985，605-609，616-617頁；TTD II，A，71-74；B，108-115；陳國燦2002b，220-221頁；中村集成中，276頁；殷晴2007，371-373頁；唐長孺2011b，90頁；姚崇新2011，412頁；池田温2014，392-397頁。

（一）東京國立博物館藏卷

（前缺）

1 壹段壹畝永業 部田貳易 城西叁里　東趙相　西董懷　南馮青　北白相

2 壹段肆拾步居住園宅

3 户主江義宣年貳拾貳歲　白丁親侍　下中户　課户不輸

4 母張年肆拾壹歲　丁寡

5 弟抱義年拾伍歲　小男開元貳年帳後死

6 弟義珎年拾伍歲　小男
7 妹壽持年拾叁歲　小女
8 叔母俎渠年伍拾柒歲　丁寡篤疾兩目盲

（柳中縣）——（高寧鄉）——（開元肆年籍）

9 壹拾叁畝壹拾步永業
10 壹拾叁畝捌拾步已受
11 應受田玖拾壹畝　柒拾步居住園宅
12 柒拾柒畝半肆拾步未受
13 壹段叁畝半永業陶　城南壹里　東至道　西張懷　南李喜　北阿苟
14 壹段壹畝永業常田　城南壹里　東至渠　西至道　南郭暉　北張祐
15 壹段貳畝永業常田　城南壹畝　東郎中寺　西郎中寺　南道　北道
16 壹段壹拾步永業常田　城南伯步　東還公　西還公　南還公　北郭石仁
17 壹段伍畝永業部田　城東陸拾里于諶城東渠　西還公　南渠　北荒
18 壹段壹畝永業部田貳易　城西叁里　東張仁內　西索儁　南索儁　北李守歡
19 壹段壹畝永業部田　城東貳拾里　東南塔寺　西渾行才　南張福　北渠

20 壹段柒拾步居住園宅

----（柳中縣）--------（高寧鄉）--------（開元肆年籍）----

21 户主王孝順年拾壹歲　小男代父貫　下下户　　不課户

22 父盲禿年叁拾陸歲　衛士開元貳年帳後死

23 母蘇年叁拾陸歲　丁寡

24 弟思忠年肆歲　小男開元貳年帳後括附

25 　　　　肆畝永業

26 　　　肆畝肆拾步已受

27 應受田伍拾壹畝　　肆拾步居住園宅

28 　　　肆拾陸畝貳伯步未受

29 壹段壹畝永業常田　城南叁里　東渠　西梁師　南王塠女　北安禿子

30 壹段壹畝永業常田　城西肆里　東郭申　西孫喜　南李伯　北魏海

31 壹段貳畝永業部田貳易　城西叁里　東荒　西還公　南渠　北渠

32 壹段肆拾步居住園宅

----（柳中縣）--------（高寧鄉）--------（開元肆年籍）----

33 户主索住洛年陸拾歲　老男　下下户　　不課户

34 妻令狐年伍拾捌歲　老男妻

35 男仁惠年肆歲　小男先天貳年帳後新生附

36 捌畝永業

37 捌畝肆拾步已受

38 應受田叁拾陸畝　肆拾步居住園宅

39 貳拾柒畝貳伯步未受

40 壹段壹畝半柒拾貳步永業陶　城南壹里　東渠　西左寺僧　南白歡　北官陶

41 壹段肆拾捌步永業常田　城南壹里　東索喜　西張伯　南左寺僧　北官田

（後缺）

（二）SH.126-1

（前缺）

1 奴典倉年叁拾叁歲　丁奴

2 奴孤易年貳拾伍歲　丁奴

3 奴來德年陸拾歲　老奴

4 貳拾畝半叁拾步永業

5 貳拾玖畝半柒拾步已受

（柳中縣）（高寧鄉）（開元肆年籍）

6 應受田貳頃拾壹畝　肆拾步居住園宅

7 貳頃壹拾壹畝伍拾步未受

8 壹段叁畝半永業陶　城西壹里　東康㪷　西張德　南李相　北董子

9 壹段貳畝永業陶買附　城西壹里　東至渠　西至沙　南王仁　北至道

10 壹段壹畝永業常田　城東貳拾里　東渠　西道　南渠　北道

11 壹段壹畝永業常田買附　城西貳里　東王明相　西康保　南李安緒　北吳禪

12 壹段伍拾步永業菜　城北壹里　東還公　西左善恭　南高昌人　北道

13 壹段半畝永業常田　城北壹里　東丁歡　西道　南道　北還公

14 壹段貳畝半永業常田買附　城南壹里　東道　西孫斫　南還公　北陰龍

15 壹段肆拾步永業菜　城北壹里　東高昌人　西道　南郎中寺　北左恭

16 壹段陸拾步永業菜　城北半里　東還公　西還公　南還公　北還公

17 壹段壹畝玖拾步永業陶　城北壹里　東李元　西張相　南令狐伯　北蘇龍

----（柳中縣）----（高寧鄉）----（開元肆年籍）----

18 壹段壹畝肆拾步永業常田　城西伯步　東還公　西高昌人　南渠　北高昌人

19 壹段伍拾步永業菜　城北壹里　東廢寺　西還公　南高昌人　北道

20 壹段半畝肆拾步永業常田　城北壹里　東丁歡　西自至　南丁歡　北自至

21 壹段肆畝永業常田買附　城西壹里　東左德　西郭伯　南至道　北張海

22 壹段肆拾步永業常田　城南伯步　東至荒　西還公　南蘇義　北還公

23 壹段壹畝半伍拾步永業陶　城西壹里　東至渠　西至渠　南張海　北馬歡

24 壹段壹畝半叁拾伍步永業陶　城西壹里　東至渠　西令狐相　南徐富　北至渠

25 壹段壹畝永業常田　城西壹里　東高昌人　西張致德　南李智通　北左俊行

26 壹段半畝永業常田　城北壹里　東張安洛　西郎中寺　南至道　北趙崇

27 壹段壹畝永業陶　城西貳里　東沙　西沙　南何文德　北自至

28 壹段貳畝永業常田　城西貳里　東蘇仁　西張伯　南張婢　北至渠

29 壹段壹畝半永業常田　城西壹里　東自至　西高昌人　南自至　北道

----（柳中縣）----（高寧鄉）----（開元肆年籍）----

30 壹段捌拾步永業常田買附 城南半里 東張弟弟 西至渠 南鞏剛 北至道
31 壹段貳拾伍步永業常田買附 城南半里 東張太伯 西至渠 南至渠 北還公
32 壹段叁拾步永業常田買附 城西壹里 東張武通 西高達 南鞏剛 北至道
33 壹段肆拾步居住園宅
34 户主大女白小尚年拾玖歲 中女代母貫 下下户 不課户
35 母季小娘年肆拾捌歲 丁寡開元叁年帳後死
36 壹段肆拾步居住園宅
37 右件壹户放良，其口分田先被官收訖。
38 户主大女陰婆記年肆拾捌歲 丁寡 下下户 不課户
39 夫翟祀君年伍拾玖歲 白丁垂拱貳年疏勒道行没落
40 肆畝永業
41 肆畝肆拾步已受

-----（柳中縣）-----------（高寧鄉）-----------（開元肆年籍）-----

（後缺）

唐開元年間西州交河縣名山鄉差科簿

SH.126-2、SH.126-3 + 東京國立博物館藏卷 v

本件裂爲二十四片，原貼於吐魯番出土樹下人物圖背面，揭出後，除第一片、第二片入藏書道博物館外，餘皆入東京國立博物館。書道博物館藏兩殘片尺寸分別爲 28. 5×52. 8cm, 28. 5×42. 3cm，存 14, 4 行。正面及縫背均鈐有「交河縣之印」，押署「思」。首行記「名山鄉　交河城」，二行記「户一百八十一應堪差科」，知爲西州交河縣名山鄉差科簿，所記「户王通達」等名年下，有老、鎮兵、土鎮兵、里正、佐史、白直、隊正、品子、輸丁、任安西流外等名目。

參：中村不折 1927，下，24, 25 頁；仁井田陞 1937, 651-652 頁；西村元佑 1960, 455-456 頁；敦煌資料 1, 210-211 頁；上野アキ1964, 27-36 頁；曾我部静雄 1971, 382-384 頁；池田温 1979，圖 30，111-112, 286-290 頁；高昌殘影 1984, 112 頁；西村元佑 1985b, 1203-1207 頁；張廣達 1988, 97 頁；大津透 1988, 117 頁；唐長孺 1990, 89-92 頁；TTD II, A, 133-135；B, 207-211；TTD supplement, A, 35；B, 40；陳國燦 2002b, 281-282 頁；中村集成中，277 頁；大津透 2006, 123-124 頁；唐長孺 2011b, 289-292 頁。

（一）SH.126-2

1 名山鄉　交河城
2 户　一　百　八　十　一　應　堪　差　科
3 户　二　全　家　外　任
4 户　一　下　上
5 户劉虔感年卌九　安西户曹
6 户　一　下　中　知　半　日
7 户王行徹年五十二　焉耆户曹

8 男承咄年廿八
9 男承仵年廿六
10 男承暉年廿四
11 户一百八十八見在計
12 户四下上各一日 計四日

（思）

13 户高虔惲妻劉年卌九
14 户曹温意年五十八

（後缺）

（二）SH.126-3

（前缺）

1 户張好達年六十五 老
2 户索雄猛年卌 輸丁
3 户王大素年卌五 鎮兵
4 户宋泥答年六十 老

（縫背押署）

（三）東京國立博物館藏卷

1 户王通達年六十八 老
2 男思賓年卌五 土鎮兵
3 户邵公偘年五十六 任安西流外
4 户康建爽年六十四 老
5 户麹虔叡年六十 老翊衛
6 男義順年卌一 見輸
7 男獻璲年卅七 佐史

（後缺）

（四）東京國立博物館藏卷

（縫背押署）

（前缺）

1 户李懷敬年六十一 老
2 男玄裕年廿四 里正
3 户李礼恭年卌二 土鎮兵
4 弟思忠年卅五 土鎮兵

（後缺）

（五）東京國立博物館藏卷

（前缺）

1 男子奴年卌五 土鎮兵，終服

2 户韓君託年七十一 老，前校尉

3 男思慎年卅六 品子

（後缺）

------（縫背押署）------

（六）東京國立博物館藏卷

（前缺）

1 户衛阿忠□［　　］

（後缺）

（七）東京國立博物館藏卷

（前缺）

1 ［　　］年卅 輸丁

（後缺）

（八）東京國立博物館藏卷

（前缺）

1　　年卌六 隊正

2　　下　　中

（後缺）

（縫背押署）

（九）東京國立博物館藏卷

（前缺）

1 户蘇兹岌年五十三 土鎮□

2 男元□

（後缺）

（十）東京國立博物館藏卷

（前缺）

1　　明年十六

（後缺）

（十一）東京國立博物館藏卷

（前缺）

1 □年廿九 白直

2 □年卌 鎮兵

3 □年卅二 篤疾

（後缺）

（縫背押署）

（十二）東京國立博物館藏卷

（前缺）

1 户廿二□計□

2 户鄭思業年卌一□

3 弟小胡年卅五□□

（後缺）

（十三）東京國立博物館藏卷

（前缺）

1 户張皮子

2 弟小皮

（後缺）

（十四）東京國立博物館藏卷

（前缺）

1 户馬静通

（後缺）

（十五）東京國立博物館藏卷

（前缺）

1 户氾職々年五十 死　男良賤年十三 小

（後缺）

（縫背押署）

（十六）東京國立博物館藏卷

（前缺）

1 户康漢□

（後缺）

（十七）東京國立博物館藏卷

（前缺）

1 户魯長□

（後缺）

（十八）東京國立博物館藏卷

（前缺）

1 男丘□

（後缺）

（十九）東京國立博物館藏卷

（前缺）

1 □□中□

（後缺）

（二十）東京國立博物館藏卷

（前缺）

1　［　　］日［　　］

（後缺）

（二十一）東京國立博物館藏卷

（前缺）

1　户［　　］

（後缺）

（二十二）東京國立博物館藏卷

（前缺）

1　［　　］□安［　　］

（後缺）

（二十三）東京國立博物館藏卷

------（思）------

（二十四）東京國立博物館藏卷

只存半個印痕。

唐開元年間（？）西州柳中縣承禮鄉籍

高昌殘影238號

尺寸爲25.9×27.7cm，存8行。鈐有「柳中縣之印」，背縫注記有「柳中縣　承禮鄉」字樣。年月缺，池田温訂爲開元初年。第8行有後人雜寫。背面爲廣弘明集。大阪四天王寺出口常順藏吐魯番文獻，原爲德國吐魯番探險隊收集品。

參：高昌殘影，圖版XLV；池田温1979，插圖21，249頁；TTD II, B, 77, 118；古寫本展，No. 30；楊際平1982，59頁；王永興1986，18頁；陳國燦2002b，236頁；藤枝晃2005，141-143頁。

（前缺）

1 壹段□畝［　　］

2 壹段陸畝永業　□□　城西壹里　東［　　］

（署名）

3 壹段貳畝永業　常田　城西壹里　東道　西［　　］

4 壹段［　　］　薄田　城北肆里　東侯住　西［　　］

5 壹段貳畝永業　部田貳易　城北伍里　東鄯寅海　西還公　南渠　北［　　］

6 壹段貳拾步居住園宅

7 ［　　］柒子年柒拾貳歲　老寡從本縣欽明鄉淳和里割來附　下下户　不課

8 □龍渴　　□　　龍□

（後缺）

唐開元四年（716）司倉樂慎知牒

中國國家博物館17

尺寸爲27.5×18cm，存7行。吐魯番出土，羅振玉舊藏，裱入貞松堂藏西陲祕籍叢殘册子。

參：羅振玉1939，414頁；法書大觀11，140，226頁；陳國燦2002b，219-220頁。

（前缺）

1 　　檢上件人並具□□□□謹録□□

2 牒件狀如前，謹牒。

3 　　開元四年十二月　日司倉樂慎知□

4 　　　　判官孫　思　務

5 　　　　子將陳　定方

6 　連。守　慎　白。

7 　　十二日

唐開元五年（717）後西州獻之牒稿爲被懸點入軍事

中國國家博物館37

共3片綴合而成，尺寸爲28×41cm，行書，存15行。羅惇㬊（號復堪）舊藏，裱入唐人真跡第一卷中，題「出鄯善縣」。

參：法書大觀11, 235, 176-177頁；榮新江2001, 336頁；劉安志2002, 210-225頁；陳國燦2002b, 223頁；劉安志2011, 177-205頁；劉安志2014, 134-135頁；程喜霖、陳習剛2013, 651-653頁，圖三六；程喜霖2013b, 226-245頁。

（前缺）

1 牒獻之去開元五年十一月，奉定遠道
2 行軍大總管、可汗牒，西州追獻之，擬
3 表疏參軍。其月廿三日州司判，牒下縣
4 發遣。至十二月到定遠軍，即蒙可汗試
5 可，判補鹽泊都督府表疏參軍，并録此
6 奏訖。獻之比在部落檢校，今承西州牒簡
7 點，遂被懸點入軍。□□准簡格文，不許懸
8 名取人。獻之從軍，身不在州，
9 即不在取限，今見此被點。府史令狐慎行貫隷西
10 州，其人懸點入軍，即經採訪使陳牒，准簡格文，
11 不合懸名取人，其時使牒西州，准格放免軍訖。又
12 楊奉璿亦貫西州，□□□□已西，簡點之時不在，既

13 □公使，准格免軍。今蒙部落參軍，准　敕令四月

14 □□奏，尤須待　敕至。忽被懸點入軍，於理□

15 □□點行人就衙□□□□諸□□□□，准格

（後缺）

唐開元五年（717）後西州獻之書札

中國國家博物館 49

兩殘片，目前相連，審其內容，並不相連。尺寸爲22×11.5cm，行書，各存4行。從内容判斷，與上件文書唐開元五年（717）後西州獻之牒稿爲被懸點入軍事有關聯。羅惇㬊舊藏，與上件文書一同裱入唐人真跡第一卷中，題「出鄯善縣」。

參：法書大觀 11, 239-240, 193-194頁。

（一）

（前缺）

1 □

2 □□珍重，狀□

3 □不暇修狀，恕□

4 三□

（後缺）

（二）

（前缺）

1 □□

2 願各曹法

3 □爲總管

（後缺）

唐開元五年（717）後西州獻之書札

中國國家博物館50

尺寸爲16×10.3cm，行書，存4行。從内容判斷，似與上件文書唐開元五年（717）後西州獻之牒稿爲被懸點入軍事有關聯。羅惇㬊舊藏，與上件文書一同裱入唐人真跡第一卷中，題「出鄯善縣」。

參：法書大觀11，240，194頁。

（前缺）

1 □□走跬步遂阻欵

2 □方寸，夏首初熱，□

3 □副使公、夫人動自□

4 □□□□□□□

（後缺）

唐開元九年（721）六月典鄧承嗣牒爲給使馬馬料事

SH.128

尺寸爲28.2×27.5cm，前、後缺，存9行，行草書，第1-5行爲牒文尾部。第8-9行有朱印，文曰「北庭都護府印」。與藤井有鄰館、英國圖書館、俄羅斯東方文獻研究所等處所藏開元九年長行馬文書屬於同組。

參：中村不折1927，下，25-26頁；金祖同1940，圖3，5-6頁；藤枝晃1948，72，77頁；李錦繡1995，116頁；陳國燦2002b，227頁；李錦繡2004，25-26頁；中村集成中，279頁。

（前缺）

1 右件使馬，前蒙支給廿石，見食盡，請乞支

2 給。謹録狀上。

3 牒件狀如前，謹牒。

4 開元九年六月　日典鄧承嗣

5 押官曹都督

6 付司。悉鸞　示。

7 十日
8 六月十日録事 悉 受
9 攝録事參軍 有孚 付

唐開元九年(721)長行坊典楊節牒

中國國家博物館 18

尺寸爲28.3×27.8cm,行書,存8行。吐魯番出土,羅振玉舊藏,與藤井有鄰館、英國圖書館、俄羅斯東方文獻研究所等處所藏開元九年長行馬文書屬於同組。有朱印,文曰「北庭都護府印」。

參:羅振玉1939,407-408頁;藤枝晃1948,76頁;孔祥星1981,34頁;法書大觀11,141-142,226-227頁;陳國燦2002b,227-228頁。

(前缺)

1 未有處分,謹以牒舉,謹牒。
2 開元九年六月 日典楊節
3 專當官攝縣丞李仙
4 付司。悉鸞,示。
5 十二日
6 六月十二日録事□受

攝録事參軍有孚　付
依前，仙白。
［　　］□　　［　　］

（後缺）

唐開元九年（721）北庭都護府牒倉曹爲准式給長行坊函馬及長行馬秋季料事

存兩殘片，尺寸分別爲27.7×30.1cm、27.9×27.2cm，各存10行和12行。李錦繡以爲兩殘片可直接綴合。羅振玉舊藏，與藤井有鄰館、英國圖書館、俄羅斯東方文獻研究所等處所藏開元九年長行馬文書屬於同組。

中國國家博物館21+中國國家博物館19

參：羅振玉1939，409-412頁；藤枝晃1948，76-77頁；李錦繡1995，1010頁；法書大觀11，227-228，143-144，147-148頁；陳國燦2002b，227-228頁；殷晴2003，76-77頁；殷晴2007，325-327頁；殷晴2012，310-311頁。

（前缺）

［　　］伍疋，故城函馬伍疋
右各得所由狀稱，上件馬夏季料
已蒙支給訖，其秋季料有處分狀
者，依檢，上件馬秋季料未支有實。
長行馬壹伯壹拾疋

右得專當官李仙等牒稱，上件馬夏
季料已蒙支給訖，其州存秋季料未有處
分，牒舉者。依檢，上件馬秋季料未支
有實。函馬及長行馬等總一百廿疋。
秋季料牒倉曹准式仙　悉
三日
依判爽示
三日
□倉曹：
牒件狀如前，今以狀牒，牒至准狀，謹牒。
開元九年七月三日
典
專當官仙
典楊節
七月三日受，其月三日行朱。
録事悉檢無稽失
録事參軍　勾訖

唐開元九年（721）牒爲長行坊典楊節七月粮支給事

中國國家博物館22＋中國國家博物館20

存兩殘片，尺寸分别爲28.4×11.2cm，28.2×27.9cm，各存3行和9行。國博22號第2行上貼有紙片，上寫「□圉馬」。李錦繡以爲兩殘片可直接綴合。羅振玉舊藏，與藤井有鄰館、英國圖書館、俄羅斯東方文獻研究所等處所藏開元九年長行馬文書屬於同組。有朱印，文曰「北庭都護府印」。

參：羅振玉1939，412，415-416頁；藤枝晃1948，77頁；李錦繡1995，912頁；法書大觀11，228-229，145-146，149頁；陳國燦2002b，228-229頁；李錦繡2004，27-28頁。

1 牒思節六月粮已蒙支給訖，其七月粮請處［　］

2 ［　］分，謹牒。

3 開元九年七月［　］

4 付司 爽 示

5 五日

6 七月五日録事［　］

7 録事參軍有孚 付

8 檢案仙白

9 六日

10 牒，檢案連如前，謹牒。

11 七月　日典　闞定

12 長行典楊節七月粮取減數

13 □□□□

（後缺）

唐開元十年（722）西州高昌縣籍

Ch 1212（T II 1063）

尺寸爲 14.9×17.1cm，存 4 行，有「高昌縣之印」（5.3×5.3cm）殘痕兩處，印於正面紙縫上。

參：Thilo 1970, 85-86，圖 1；土肥義和 1969, 121 頁；池田温 1979, 250 頁；TTD II, A, 63, 198；B, 119；榮新江 1998b, 316 頁；Nishiwaki 2001, 62-63；陳國燦 2002b, 232-233 頁；小口雅史 2006, 42 頁。

（前缺）

1 ［　　］沙堰渠　東至荒　西至渠［　　］

2 ［　　］馬堆渠　東至渠　西至渠　南［　　］

------□□鄉------開　元　拾　年　□（籍）---

3 ［　　］［　］城西伍里榆樹渠　東至荒　西至渠　南白善願［　　］

4 ［　　］［　］城東柒里左部渠　東辛護　西至荒　南至［　　］

（後缺）

唐開元十年（722）西州高昌縣籍

Ch 3810（T II 1063）

尺寸爲 18.5×14.8cm，存 4 行，紙縫有三印，文曰「高昌縣之印」（5.3×5.3cm）。背面有 3 行文字，向内貼之紙片，似辯詞。

參：Thilo 1970, 86，圖 2；池田温 1979, 250 頁；TTD II, A, 63, 197；B, 119；榮新江 1998b, 320 頁；Nishiwaki 2001, 63；陳國燦 2002b, 233 頁。

（前缺）

1　　　　柒　拾［未受

2　［　］貳畝［　］步永業常田　城南貳里社渠　東翟奇泥　西蓴歡住　南［　］

-----［　］---------靈身（?）鄉---------------------開元拾［　］

3　［　］肆畝永業常田　城南貳里社渠　東封思貞　西［　］

4　［　］□畝［　］叁里［　］

（後缺）

唐開元十三年（725）長行坊典竇元貞牒爲催送牛到坊事

中國國家博物館 23

尺寸爲 28×23cm，行書，存 9 行。羅惇㬊舊藏，裱入唐人真跡第二卷中，題「出鄯善縣」。

參：法書大觀 11，229，150 頁；陳國燦 2002b，242 頁；程喜霖、陳習剛 2013，897 頁。

（前缺）

1 狀□［　　　］
2 牒已先到，牛並[在]□□□□□□□□□[非]［　　　］
3 苦，春夏曾無替换，頻使入磧往還，見今頻使困乏，
4 秋末交憂死損，望請早市送前件牛到坊，承草
5 未枯，更替將息養飼，冬初稍免死損。謹録狀上。
6 牒件狀如前，謹牒。
7 開元十三年六月十日典竇元貞　牒
8 坊官別將張靈夔
9 都知官鎮將張□□
10 ［　　　］□□　示

（後缺）

唐開元十三年（725）長行坊典竇元貞牒請差人助刈事

中國國家博物館 25

尺寸爲28.3×23cm，行書，存8行。羅惇㬊舊藏，同裱入唐人真跡第二卷中，題「出鄯善縣」。

參：法書大觀11，230，153頁；陳國燦2002b，241頁。

（前缺）

右件草，頻奉牒令及時收刈。依檢本坊兵欠少，除入磧扶

車，及諸頭使役、木匠等並盡，無一見人收刈。時今見過，恐不練

逗留，望請檢已前例，合差遣何人助收，請速垂處分。□

時復，年計不闕，請處分，謹狀。

牒件狀如前，謹牒。

開元十三年六月十日 典竇元貞牒

坊官別將張靈夔

都知官鎮將張□□

□□ □

（後缺）

唐開元十三年（725）轉運坊牒伊州爲支草伍萬圍收刈事

中國國家博物館24

尺寸爲28×18cm，行書，存10行。有朱印一方，文曰「伊州之印」。羅惇㬊舊藏，同裱入唐人真跡第二卷中，題「出鄯善縣」。

參：法書大觀11，229-230，151-152頁；陳國燦2002b，241頁；荒川正晴2010，471-473頁。

1 轉運坊　　牒　伊州

2 　當坊今年々支草伍萬圍

3 牒得牒稱，得録事參軍判司户徐思宗等牒稱：上件

4 支草五月二日准例各各牒諸戍、長行、車坊，並令及時

5 收刈，恐所由不存檢校，致事闕供，事須重牒催達。牒舉

6 者，開十三年々支草，尋牒所□□刈，計合向了，並未申數，莫

7 [　　]牒仰[　　][　　]收刈，勿使失時。去年收茭，

8 [　　]□，一則虚費人功，二

9 [　　]情駞馬死於道傍

10 [　　]□都待憑□

（後缺）

唐開元十三年（725）西州籍

Ch 1433v（T II T）

尺寸爲20.9×14.6cm，存7行，文書年代上有三方朱印痕跡，印文不清。正面爲後人抄寫的禪宗典籍絶觀論。吐峪溝遺址出土。

參：Thilo 1970, 87-88，圖4；土肥義和 1969, 124頁；池田温 1979, 252頁；TTD II, A, 64-65, 196-197；B, 120；凍國棟 1993, 407-408頁；榮新江 1998b, 316頁；凍國棟 1998, 87頁；Nishiwaki 2001, 63；陳國燦 2002b, 245頁；小口雅史 2006, 42頁。

（前缺）

1 [　　]貳年死虚掛籍帳准開元拾年[　]月貳拾壹日　敕除削

2 [　　]叁年死　虚掛籍帳　准開元拾年拾月貳拾壹日　敕除削

3 [　　]田宅並退還官

4 [　　]□下户　　不課户

5 [　　]

6 □　畝永業

（後缺）

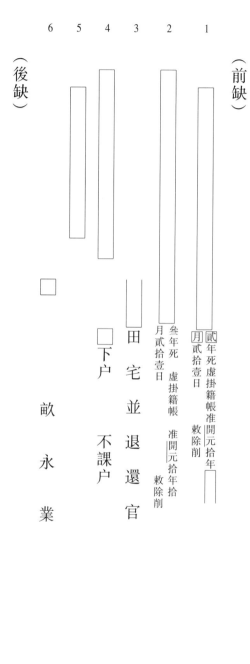

唐開元十三年（725）西州都督府牒秦州爲請推勘王敬忠等奪地事

馮國瑞舊藏

本文書現存地不明，此據照片三件過録（圖一〇），或屬甘肅省圖書館所藏馮國瑞舊藏。1983年陳國燦曾在甘肅省圖書館一油印本上録得馮國瑞對此文書跋語，提供一些原件信息：「右牒粘合麻紙三張，共長三尺六寸，高存四寸，下部損壞。前七行行書，後三（二）十行楷書……出於吐魯番東南三堡。」文書下半部均被裁去，與黄文弼所獲吐魯番文書常常被裁去上半相似。文書主體部分尚存，内容涉及西州都督高某在秦州買地事。

參：池田温 1998a, 105-126頁，圖1；陳國燦 1999, 127-128頁；李方 2002a, 5-6, 165-166頁；陳國燦 2002b, 242-243頁；劉雁翔 2008, 60-63頁；榮新江 2013a, 39-59頁。

（前缺）

1 秦州件狀如前今

2 開元

3 户曹參軍□

4 五月

5 録上

6 兵曹□

7 牒秦州爲請推

西州都督府　　牒秦州[　　]
王敬忠莊地壹所 叁頃 城北[　　]
壹段捌拾畝 東坡[　　]
壹段叁拾畝 東嶺[　　]
壹段漆拾畝 東渠[　　]
壹段壹頃貳拾貳畝東澤[　　]
牒，得都督高牒稱，去[　　]
於 秦州界買得前 件[　　]
外任。其地便租与王□[　　]
公驗文契 亦並 留 与[　　]
壹半，並被本主 王 敬[　　]
等奪 將。或 恐王通子[　　]
秦州 勘 問 王敬忠及[　　]
并文契在 不 報者。准[　　]
推勘王敬忠等奪地所[　　]
開元十三年[六][　　]
徵[　　]

25 攝司馬朝議
26 長
27 別

（後缺）

唐開元十六年（728）西州都督府請紙案卷

上海博物館 31、大谷 4918(a)＋5375＋4918(b)、大谷 5839、大谷 4919、黄文弼文書 35、大谷 4882、大谷 5840、大谷 5372

本組文書共十件，尺寸分别爲：（一）29.4×157cm、（二）29×199.3cm、（三）29.2×141.8cm、（四）29.5×14、（五）29.3×183.8cm、（六）11.5×15.6cm、（七）14.2×15cm、（八）29.5×14cm、（九）13.6×15.6cm、（十）17.4×16.7cm。總計存 183 行。内容是開元十六年二月至八月西州幾次請紙事務之牒文粘連之案卷，鈐有「西州都督府之印」。有「楚珪」簽署，即張楚珪，時任西州都督。

參：内藤乾吉 1960, 32-52 頁；小笠原宣秀、西村元佑 1960, 158-161 頁；小笠原宣秀、西村元佑 1985, 949-960 頁；李錦繡 1995, 367-368, 1056-1060 頁；法書大觀 11, 167-174, 234 頁；大谷文書集成叁, 54, 65, 152, 153, 207-210 頁，圖版 8-11；上博 7, 257-259 頁；李方 1996, 284-285 頁；李方 2002a, 301-307 頁；陳國燦 2002b, 246-249 頁；毛秋瑾 2010, 201-212 頁；中田裕子 2010, 170-174 頁；李方 2011, 17-18, 42-43, 73-75, 238-240, 262-263 頁；劉安志 2011, 261-263 頁；雷聞 2011, 423-444 頁；中田裕子 2012, 393-395 頁；程喜霖、陳習剛 2013, 228-239 頁；王永興 2014a,

78-83頁；黄樓 2015, 209-211頁；孟憲實 2016b, 285-287頁。

（一）上海博物館31

（前缺）

1 [　　]健兒杜奉牒。

2 [　　][參]軍，量給卌張。楚

3 珪示。

五日

（中空）

--（沙）

4 上抄紙

5 右件紙，今要上抄，請處分。

6 開元十六年三月　日，健兒杜奉牒。

7 付録事參軍王沙，給伍

8 拾張。楚珪示。

9 三日

（中空）

--（沙）

録事司
　案紙肆伯張　次紙壹伯張
右緣推勘，用紙寔繁，請更給前件
紙，請處分。
牒件狀如前，謹牒。
　開元十六年三月　日。史李藝牒。
　　録事參軍王沙安
付司。楚珪示。
　　六日
　三月六日録事使
　録事參軍　沙安　付。
　檢案。沙白。
　　六日

---------------（沙）

牒檢案連如前，謹牒。
　三月　日，史李藝牒。

25 並檢料過。沙白。

26 六日

27 紙肆拾張

28 右檢二月五日得健兒杜奉狀，請前件紙上抄。

29 紙伍拾張

30 右檢三月三日得健兒杜奉狀，請前件紙上抄。

31 案紙肆伯張　次紙壹伯張

32 右檢得録事司狀，請上件紙推勘用。

33 牒件檢如前，謹牒。

------------（沙）

34 三月　日，史李藝牒。

35 録事司等叁狀所請紙，

36 各准數分付取領，附諮。

（後缺）

（二）大谷4918（a）+5375+4918（b）

（前缺）

1 開元［　　］

2 ［　　］

3 録事參軍沙安

4 史

5 ［　　］日受，即［　　］

6 ［　　］

7 ［　　］參軍自判

8 ［　　］等請紙准給事

（沙）

（三）大谷5839

（前缺）

1 ［　　］楚珪示。

2 廿七日

3 五月廿七日録事使

4 録事參軍　沙安付。

（中空）　（沙）

牒檢案連如前，謹牒。

五月　日，史李藝牒。

兵法兩司請紙，各准數

分付取領，諮。沙安白。

廿七日

依判，諮。希望示。

廿七日

依判，諮。球之示。

廿七日

依判。楚珪示。

廿七日

（中空）　（沙）

開元十六年五月廿七日

史　李　藝

録事參軍沙安
史
五月廿七日受，即日行判。
録事使
録事參軍自判
案爲兵曹法曹等司請黄紙准分付事
（中空）

--（沙）

案紙貳伯張　次紙壹伯張　筆兩管　墨一挺
牒：真陁今緣市馬，要前件紙筆等，請准式處
分，謹牒。
開元十六年五月　日，河西市馬使米真陁牒。
付司。檢令式，河西節度
買馬，不是別　敕令市。計不
合請紙筆，處分過。楚珪
示。　廿九日

五月廿九日，録事使
録事參軍沙安　付
檢案。沙白。
　一日
（沙）
牒檢案連如前，謹牒。
　六月　日，史李藝牒。
檢。沙白。
　一日
案紙二百張　次紙一百張　筆兩管　墨一挺
右得河西市馬使牒，請上件紙墨等。
都督判：檢令式，河西節度買馬，不是別
敕令市，計不合請紙筆，處分過者。依檢
前後市馬使麴中郎等，並無請紙墨等
處。
牒件檢如前，謹牒。
　六月　日，史李藝牒。

25 承前市馬，非是一般。或朔方

26 遠湊，或河西頻來。前後

27 只見自供，州縣不曾官給。

（沙）

28 既無體例可依，曹司實

（後缺）

（四）大谷4919

（前缺）

1 六□

2 録事參軍　沙安　付

3 檢案。沙白。

4 八日

5 □連如前，謹牒。

（後缺）

（五）黄文弼文書35

（前缺）

□

史

六月八日受，即日行判。

録事　使

録事參軍　自判

案爲虞候司請六月料紙事

（中空）

（沙）

法曹

黄紙拾伍張　　壹拾伍張，典李義領。

右請上件黄紙寫　　敕行下，請處分。

牒件狀如前，謹牒。

開元十六年六月　日，府李義牒。

法曹參軍王仙喬

付司。　楚珪示。

九日

六月九日録事使
録事參軍沙安　付
檢案。沙白。
九日

（沙）

牒檢案連如前，謹牒。
六月　日吏李藝牒
法曹司請黄紙，准數分
付取領，諮。沙安白。
九日
依判，諮。希望示。
九日
依判，諮。球之示。
九日
依判。楚珪示。
九日

（沙）

開元十六年六月九日

史李　藝

録事參軍沙安

史

六月九日受，即日行判。

（後缺）

（六）大谷4882

（前缺）

四日

（中空）

（沙）

開元十六年七月四日

（後缺）

（七）大谷5840

（前缺）

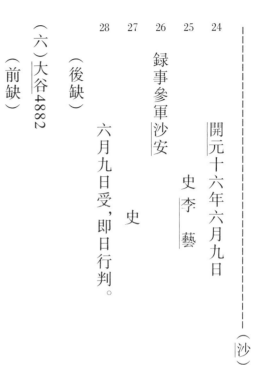

開元十六年八月十六日，典梁思忠牒。
首領闕俟斤朱耶波德（畫押）
付司。楚珪示。
十九日
八月十九日，録事　禮　受
録事參軍　沙安　付
檢案。沙白。
十九日

---（沙）---

牒檢案連如前，謹牒。
八月　日，史李藝牒。
朱耶部落所請次、案共
壹伯張，狀來，檢到不
虛，記諮。沙安白。
十九日
依判，諮。希望示。
十九日

依判，諮。球之示。
十九日
依判。楚珪示。
十九日

（中空）

（沙）

開元十六年八月十九日
史　李藝
録事參軍沙安
史
八月十九日受，即日行判。
録事禮檢無稽失
録事參軍 自判
案爲朱耶部落檢領紙到事。

（中空）

（沙）

兵曹
案紙伍佰張　紙伍佰張，前後領足。杜成
右須上件紙行下警固文牒，請處分。
牒件狀如前，謹牒。
開元十六年八月　日府杜成牒
付司。楚珪示。
廿日
八月廿日，録事　禮　受。
録事參軍　沙安　付。
檢案。沙白。
廿日

（中空）

（沙）

牒檢案連如前，謹牒。
八月　日，史李藝牒。
兵曹司緣警固請紙，
准數分付取領，諮。沙安白。

16　　　　　　　　廿日
17　依判，諮。希望示。
18　　　　　　　　廿日
19　依判，諮。球之示。

（後缺）

（八）大谷5372

（前缺）

1　開□

（後缺）

唐開元十六年（728）北庭節度使申尚書省年終勾徵帳稿

中國國家博物館36

尺寸爲27.8×11.2cm，行書，存4行。池田温題爲唐開元十六年年末庭州輪臺縣錢帛計會稿，與藤井有鄰館所藏另外兩件文書歸爲一組；王永興題爲開元十六年北庭節度使申尚書省年終勾徵帳稿。高昌故城出土，羅振玉舊藏。

參：羅振玉1939，416頁；池田温1979，355頁；李錦繡1995，124-125頁；法書大觀11，234-235，175頁；陳國燦2002b，250頁；王永興2010，430-434頁；王永興2014a，84-85頁；程喜霖、陳習剛2013，354-357頁。

（前缺）

1 合大練從十六年七月一日已後，至十二月卅日已前，軍府□

2 料并執衣、白直課，及諸色貸便及馬價、紙價、絁練□

3 及六月卅日已前破用迴殘錢等，總計當錢肆伯柒拾叁

4 □□□

（後缺）

唐開元年間瀚海軍狀爲附表申王孝方等賞緋魚袋事

中國國家博物館43＋中國國家圖書館 BD09337(周058)

中國國家博物館藏卷尺寸爲27.3×20.5cm，存7行，羅振玉舊藏；中國國家圖書館藏卷尺寸爲27.5×2cm，存4行；前後可以綴合（圖一一），第7行文字分在兩件殘片上。

參：羅振玉1939，395-396頁；許國霖敦煌雜録下，176葉；池田温1979，379-380頁；法書大觀11，237，183頁；孫繼民2001，15-20頁；孫繼民2002b，29-38，48-49頁；陳國燦2002b，285-286頁；國家圖書館藏敦煌遺書105，275頁，條記目録56頁；李方2008，259-260頁；史睿2012，244-246頁；劉子凡2016a，222-224頁。

（前缺）

1 北庭都護府功曹府流外肆品、雲騎尉營田第一等賞緋魚袋王孝方□

2 經考十　西州　高昌縣　順義鄉　順義里　身爲户

3 北庭都護府倉曹府流外肆品、上柱國賞緋魚袋康處忠，年卌一
4 　西州　交河縣　安樂鄉　高泉里　身爲户
5 北庭都護府録事史流外伍品、騎都尉營田第一等賞緋魚袋曹懷嶷，卌六
6 　西州　高昌縣　崇化鄉　净泰里　身爲户
7 北庭都護府户曹史流外伍品、武騎尉營田第一等賞緋魚袋張虔禮，年卌八
8 　西州　柳中縣　承禮鄉　依賢里　父進爲户
9 左威衛翊府翊衛賞緋魚袋康思眘，年廿三（西州　交河縣　安樂鄉　高泉里　父忠爲户）
10 　右孝方等破賊立功，並蒙賞緋魚袋，前通頭□
11 　遂漏不申，今表次，望依此狀申上。

（後缺）

唐開元十七年（729）西州名籍

舊金山亞洲藝術博物館 4

殘片尺寸不明，存2行文字，與第5號裱在一起。裱入唐人玉屑册中，題「出吐魯番三堡」，册内有王樹枏題記云：「吐魯番東九十里三堡之地，掘土得六紙，皆破碎不足道。……宣統庚戌（1910）十一月廿二日新城王樹枏識於北庭東城之寄廬。」今據該館網頁公佈照片釋録，唯只見五件殘片，無原編號，今暫編作5號。此件王樹枏題：「此唐開元十七年户口單，書於佛經紙背，而年號則記於講經之旁。余觀此單對面經文，實一紙也。」又葉恭綽跋：「此户口

册，印文尚清晰，上爲西州都督府印，下爲高昌縣印。」據此，第4、5兩片或爲同一文書，第4片人名年份上鈐「西州都督府之印」，下部鈐「高昌縣之印」。其背面當爲佛典。

（前缺）

1　□□子年肆拾玖　□　□□　西州　高昌縣　岸頭府

2　易通感年叁拾伍　舊　□□　西州　高昌縣　岸頭府

（後缺）

附佛典論疏

舊金山亞洲藝術博物館5

殘片尺寸不明，存3行文字。「開元十七年二月廿（下殘）」爲小字，似書於紙縫，上亦鈐「西州都督府之印」。此件與第4號或爲同一文書，此爲背面佛典抄本，紙縫處保留年份。

（前缺）

1　開元十七年二月年□

2　問曰：不

3　□有能生

（後缺）

唐開元二十一年(733)九月某折衝府申西州都督府解

舊金山亞洲藝術博物館 1r

殘片尺寸不明,存6行文字,有朱印殘痕。上部爲紙背折叠,背面有二行文字,首行殘甚,第2行存「(上殘)□□伯陸拾文(畫押)」。裱入唐人玉屑册中,題「出吐魯番三堡」。又王樹枏題:「余遣人在吐魯番三堡掘土,得瓦罐,内盛黍米,均粉碎。米中藏鴿蛋二枚,一蛋破裂,黄堅如石;一完好。此狀即覆米上,皆千餘年物也。」

(前缺)

1 □□垂

2 折　衝　使

3 左　果　毅　行

4 □毅　假

5 □倉曹。件狀如前,謹依録□

6 　　　　開元廿一年九月□

(後缺)

唐西州納錢帳

舊金山亞洲藝術博物館 1v

寫於唐開元二十一年九月某折衝府申西州都督府解背，當爲西州文書。存5行文字。

（前缺）

1 □□州錢陸佰　□□

2 □五月又納柒百文。又便□□□

3 □百文。六月十一日納四月利□六百□

4 □□

5 □□□伯陸拾文（畫押）□

（後缺）

唐某年西州户籍

舊金山亞洲藝術博物館3

殘片尺寸不明，存2行文字。據出土地，當爲西州户籍。裱入唐人玉屑册中，題「出吐魯番三堡」，有王樹枏題「唐時地契」。

（前缺）

1 □應受田柒拾陸畝

2 □壹段肆拾畝□

（後缺）

唐開元二十三年(735)西州籍

Дх.8510 + Дх.9479

存二殘片，尺寸分别爲 9 × 9 cm，7 × 9 cm，共 5 行。

參：Cuguevskii 1983, 488；釋録 2, 495 頁；TTD II, A, 77-79, 186；66-67, 195；B, 132, 123；王克孝 1996, 233, 236 頁；俄藏 14, 59 頁；丘古耶夫斯基 2000, 74-76 頁，圖 4-5；關尾史郎 2001, 44 頁；陳國燦 2002b, 269 頁；陳國燦 2005, 105 頁。

（前缺）

1 ［　　］畝永業

2 ［　　］□已受

（中缺）

3 ［　　］□［　　］

4 ［　　］陸歲　　中男開元拾玖年籍拾伍

5 ［　　］□歲　　小男開元貳拾［　　］

（後缺）

唐開元二十三年(735)西州高昌縣順義鄉籍

Ch 2405(T II I D 61)

尺寸爲23.8×18.6cm，存8行，前後均殘，上部亦殘約四字，下部前二行不殘，但後二行殘半，殘存本文5行，中間紙縫上尚存有「順義鄉」和「開」字，有「高昌縣之印」，前人定名爲「唐開元年間西州高昌縣順義鄉籍」。中國國家圖書館善本部藏有王重民1935年所獲照片（圖一二），較現存原件多出三行文字，且下部保存完好，紙縫處有「開元貳拾三年籍」，故據以定名。又，舊照片上有原編號 T II I D 61，今已不存。高昌故城出土。

參：Thilo 1970, 87，圖3；土肥義和 1969, 122頁；池田温 1979, 252頁；TTD II, A, 67-68, 195；B, 123；榮新江 1998a, 140-146頁，圖一、二（北京圖書館藏舊照片）；榮新江 1998b, 318頁；Nishiwaki 2001, 62；陳國燦 2002b, 268-269頁；榮新江 2005, 270頁；李德範 2007, 366頁；李德範 2008, 11243頁。

（前缺）

1　□段貳畝永業常田　城南貳里樊渠　東至渠　西至渠　南氾秋緒　北任歡相

2　壹段半畝永業秋潢田　城西捌拾里交河縣　東衛豔　西至渠　南至荒　北王悅

3　[　　　]部田參易　城西伍里榆樹渠　東至荒　西至渠　南辛護　北麴善

4　[　　　]部田參易　城西伍里康得口　東嚴弥　西至荒　南至荒　北常田

5　[　　　]業部田參易　城東肆拾里柳中縣　東至渠　西李表　南辛相　北至荒

------順義鄉------開元貳拾三年籍------

6　[　　　]城東肆拾里柳中縣　東申潘　西楊通　南至渠　北康浮知

7　[　　　]□西柒里屯頭渠　東至渠　西麴仕義　南至渠　北至渠

8 □園宅

（後缺）

唐西州田簿

SH.148-3

尺寸爲28.7×15.9cm，前後缺，存7行。本件缺紀年，池田温推測可能爲七世紀户籍。原爲梁玉書（素文）舊藏，裱入吐魯番出土唐人墨跡（十五）冊中。

圖：金祖同1939a，755-756頁；金祖同1940，20-21頁，圖19；仁井田陞1937，688頁；池田温1979，383頁；楊際平1988，27頁；中村集成中，370頁；包曉悦2015b，107頁。

（前缺）

1 一段四畝永業常田　城南一里　東渠　西成相　南渠　北朱忠

2 一段二畝永業常田　城西二里　東道　西渠　南安住　北康子

3 一段一畝永業常田　城南二里　東張奴　西渠　南渠　北自至

4 一段半畝永業常田　城北廿里　東張玄德　西員信　南渠　北道

5 一段二畝永業常田　城東廿里　東石奴　西麴仁　南渠　北渠

6　一段二畝永業部田　城西五里　東張海　西劉頭　西（南）渠　北玄武

7　一段二畝永業部田　城西六里　東渠　西渠　南楊玫　北官田

（後缺）

唐開元二十三年（735）十二月十四日告身

普林斯頓大學 Peald 5a3（G. 052）、5c（G. 058）+ 5a1（G. 051）+ 5b2（G. 054）+ 5b3（G. 055）+ 5b5（G. 057）+ 5b4（G. 056）、5b1（G. 053）

以上八件殘片可以確切考訂爲告身文書殘片，均撕成碎條，其中 5a3 尺寸 10×5. 7cm，存 2 行，不能與其他殘片接續，似屬於告身正文部分。以下據告身格式復原其先後位置（圖一三），並附復原的録文於後，其中 5c 尺寸 27. 8×7. 8cm，存 1 行，爲時間部分，上鈐五方朱印，文曰「尚書司勳告身之印」；5a1 尺寸爲 14. 2×8. 5cm，存 1 行，書「制可」，字體較大；5b2 尺寸 12×8cm，存 1 行；5b3 尺寸 12. 5×8cm，存 1 行；5b5 尺寸 11×8. 5cm，存 2 行；5b4 尺寸 13×9cm，存 1 行；5b1 尺寸 5. 2×4. 7cm，存 1 行，鈐有朱印，文爲「尚書司勳告身之印」。

參：Bullitt 1989, 17，圖版 10b（5c）；陳國燦 1997, 112 頁（5c）；Chen Guocan 2000, 86-89，圖 2；陳國燦 2002b, 267 頁（5c）；吐魯番總目（歐美），949-950 頁；Chen Huaiyu 2010, 88-97，圖 G. 051, 053-058 頁。

（前缺）

1/5a2　▭□壹人擬▭

　　▭□□□▭

（中缺）

2/5c 開元廿三年十二月十四日

3/5a1 制　可

4/5b2 □月十五日辰時　都事

5/5b3 □司郎中

6/5b5 尚書左丞相□

7/5b4 金紫光禄大夫守尚書右丞相□

（中缺）

8/5b1 □（尚書司勳告身之印）

（後缺）

唐文書

普林斯頓大學 Peald 5a2（G. 050）

6. 8×4. 4cm，存2行。按5a已托裱，其上有三殘片，5a1、5a3爲告身殘片，5a2或亦爲告身文字，但無法排入，現單獨釋録。

參：Chen Huaiyu 2010, 87-88，圖G. 050。

（前缺）

1 ［　　］是［　　］
2 ［　　］上理人［　　］
（後缺）

唐開元二十三年（735）後西州上柱國子名簿

高昌殘影 241號

尺寸爲19.5×8.4cm，存3行，每行列上柱國子姓名，其下有雙行小字注，并鈐朱印。背面爲千字文習字，寫「眷」「會」「合」「雲」四字。

參：高昌殘影，圖版XLVI；池田温1979，376頁；陳國燦2002b，270頁；藤枝晃2005，147頁。

（前缺）
1 □奉璋　上柱國子　取父屯陁上柱國蔭，開元廿三年十二月十四日授，甲頭和元素。
2 ［　　］　上柱國子　取父思順上柱國蔭，開元廿三年十二月十日授，甲頭和元素。
3 □　上柱國子　取父玄素上柱國蔭，開元廿三年十二月十日授，甲頭［　　］
（後缺）

唐西州鸜鵒鎮遊弈所牒爲申當界見在人事

76TAF1: 1r + 76TAF1: 2v

以下一組五張殘紙所寫七件文書是新疆文物考古研究所王炳華先生1976年在阿拉溝古堡中發掘所得，此地爲吐魯番盆地西入天山的谷口，唐朝立爲鸜鵒鎮。據1號文書背面「閏八月」，年代有開元二十六年（738）、至德二載（757）、大曆十一年（776）三種可能，而以開元二十六年最有可能，姑且將這組文書置於開元末年。本件存兩殘片，尺寸分別爲29×18cm、29×11cm，黃樓以爲可以直接綴合，共存16行（圖一四）。

參：王炳華 2002, 328-332頁；程喜霖 2006a, 61-68頁；程喜霖 2006b, 25-29頁；王炳華 2008, 102-106頁，圖4；凌文超 2009, 82, 84頁；程喜霖、陳習剛 2013, 786-789頁；程喜霖 2013c, 292-295頁；黃樓 2020, 146-176頁。

1 [鸜]鵒鎮遊弈所　狀上
2 右當界除破除外見在總卌[八]
3 廿　二　人　職[　　]
4 □□鋪封元俊　張上義　□蕃鋪[　　]祚在黑鼻　總見鋪郭令璋
5 臨蕃鋪陳九郎　譚慕遂　□□鋪劉璲　王庭芝瓦匠　斷賊鋪[鄭]
6 嘉慶在阿施烽　□[　　]烽　□覺鋪杜懷逸　鸜鵒烽唐□□
7 赤山烽任元亮　湯思□　□□烽王尚琳　袁金城　鸜鵒鎮常承暉
8 遊弈程寄[生][　　]　白仁義放　[　　]鎮曹元瓌在赤山烽
9 一十三人在[麥][場]□□[鋪]孫休一[　　][總]見鋪高神禮　[赤]山烽劉希昌
10 趙敬琛　鸜鵒鎮高元偘　[　　]山剛　總[　　]翟通子
11 [　　]□山瑱[　　]鋪　欒德[　　]

12 忩櫝烽張子超　晁水烽［　　］

13 一十三人壇石名岸界黑鼻烽界□劉□養　阿施烽王永昌　閻智訔

14 名岸烽馬希過　晁水烽郭奉仙在泥嶺烽　壇石烽張山中　小白水烽

15 張思進在白水小作劉元珪　雷義足　名岸遊弈李迴洛

16 □謝神貞在鸜鵒捉鋪

唐某年閏八月西州鸜鵒鎮將孫玖仙牒爲申當界兵健見在人事

76TAF1: 2r + 76TAF1: 1v

本件存兩殘片，書寫於 76TAF1: 1r + 76TAF1: 2v 文書背面，黄樓以爲可以直接綴合，共存 16 行（圖一五）。

參：王炳華 2002, 329-331 頁；程喜霖 2006a, 62-68 頁；程喜霖 2006b, 25-29 頁；王炳華 2008, 102-105 頁，圖 6；李方 2011, 409-410 頁；程喜霖、陳習剛 2013, 693, 788-789 頁；程喜霖 2013c, 293-294 頁；孟憲實 2106a, 54-57 頁；黄樓 2020, 146-176 頁。

1 阿施烽王永昌　閻智訔　名岸烽馬希過　雷義足　晁水烽鍾楚□［　　］

2 壇石烽張山中　小白水烽孟令痣　張思進　劉元珪　名岸遊弈李迴洛　壇石［　　］

3 鸜鵒遊弈程寄生　土健兒高思宗　翟通子　白［　　］唐元忠　忩櫝烽［　　］

4 右被責當界兵健破除者，准狀具通［　　］見在

5 如前，謹録狀。

6 牒件狀如前，謹牒。

7 □閏八月八日□□元亮

8 鎮將孫玖仙

唐甲杖簿

76TAF1：1v

寫在1號文書的背面，存3行，倒書於上面牒文後（圖一六），可見當地紙張之缺。

參：王炳華2002，330頁；王炳華2008，102-104頁，圖5；程喜霖、陳習剛2013，694頁；黄樓2020，165-166頁。

1 □□甲□頭牟拾具　副髆拾具數内壹具去六月内付子□曹暕將趁逆賊致失

2 弩伍具　弩□具　弩箭貳佰伍拾隻

3 陌刀伍口

（後缺）

唐配粮帳

76TAF1：3

尺寸爲7×3.5cm，存2行（圖一七）。

參：王炳華 2002，332 頁；王炳華 2008，106-107 頁，圖 8；凌文超 2009，82 頁；程喜霖、陳習剛 2013，695 頁；黄樓 2020，168 頁。

（前缺）

1　□□休自用，□六升与□[　　]

2　[　　]處，三升休自用，[　　]

（後缺）

唐首領康等名籍

76TAF1：4

尺寸爲 11×4.5cm，存 2 行（圖一八）。

參：王炳華 2002，333 頁；王炳華 2008，107 頁，圖 9；凌文超 2009，82，85-86 頁；程喜霖、陳習剛 2013，696 頁；王炳華 2014，21 頁；黄樓 2020，168 頁。

（前缺）

1　□□□給使首領康[　　]

2　□使首領　六品官　一人□[　　]

（後缺）

唐文書

76TAF1：4v

寫於4號文書的背面，存1行（圖一九）。

參：王炳華2002，333頁；王炳華2008，108頁，圖10；程喜霖、陳習剛2013，697頁；黄樓2020，169頁。

（前缺）

1 □年幾，丁推户第上者准□

（後缺）

唐某人借貸契

76TAF1：5

尺寸爲11×9.5cm，存3行（圖二〇）。

參：王炳華2002，333-334頁；王炳華2008，108-109頁，圖11；程喜霖、陳習剛2013，698頁；黄樓2020，169頁。

（前缺）

1 □並限當年

2 □不還，任奪取家

［　　］身東

（後缺）

3

唐開元二十九年（741）西州天山縣南平鄉籍

北京大學圖書館 205（A～C）+中國國家博物館 42（D）

本件户籍由四殘片綴合而成，原爲趙星緣舊藏，正背面圖版曾分兩次刊佈於1928年10月11日出版的藝林旬刊第29期和1929年7月1日藝林月刊第55期上（圖二一）。其後，A、B、C三片歸北京大學圖書館收藏，著録於張玉范編北京大學圖書館藏敦煌遺書目（北京大學中國中古史研究中心編敦煌吐魯番文獻研究論集第5輯，1990年，560頁）；D片歸中國歷史博物館（今中國國家博物館）收藏，首次刊佈於中國歷史博物館藏法書大觀第十一卷晉唐寫經晉唐文書（法書大觀11，182頁，背面圖版未刊）。A片尺寸爲13×34cm，紙縫間寫「開元貳拾玖年籍」字樣，殘存文字9行，B片尺寸爲15.5×5.7cm，殘存文字2行，C片尺寸爲14.4×11cm，殘存文字2行；D片尺寸爲17.3×27cm，殘存户籍文字7行，與北大圖藏A片可以上下綴接，其中紙縫存有「天山縣　南平鄉」，結合北大圖藏卷紙縫文字，知爲唐開元二十九年西州天山縣南平鄉户籍。紙縫當有「天山縣之印」。此四殘片共存兩户的殘缺記録。A、D片存某户家口、已受、未受田數及四至部分。B、C片與A、D片間僅殘缺一行文字，亦當爲該户四至記録，而B片首行的居住園宅地的記録，也應是該户的情況。背面所寫佛教文獻，根據敦煌發現的禮懺文寫本，可以判斷第1-6行爲懺悔文，7-9行爲歸依文，10-12行爲發願文，13-14行爲梵唄文，14-16行爲説偈文，17-20行爲三歸依文，今附録其文字於户籍後。

參：藝林旬刊29，1頁；藝林月刊55；北大2，226-227頁；叙録29頁；法書大觀11，182，237頁；榮新江1995，

33-43頁；榮新江 2001, 336頁；TTD supplement, A, 35；B, 39；陳國燦 2002b, 274-275頁。

（前缺）

1 母張年陸拾捌歲　老寡空

2 男惠順年拾叁歲　小男空

3 女法戒年拾伍歲　小女空

4 男惠一年　肆　歲　小男開元貳拾陸年帳後新生附

5 ——天山縣————南平鄉————開元貳拾玖年籍———

6 伍　畝　永　業

7 伍　畝　肆　拾　步　已　受

8 應受田柒拾陸畝　肆　拾　步　居　住　園　宅

9 貳　伯　步　未　受

10 [ ]官田　西至渠　南支貞　北曹行

11 [ ]辛　西令狐直　南至道　北馮操

12 [ ]　西至渠　南左住　北索方彥

（中缺一行）

13 壹段肆拾步居住園宅

14 戶主大女索屯女年叁拾貳歲　丁[ ]　下下戶　不課戶

15 □步　已　受

（後缺）

附正面佛教文獻

1 南無過現未來十方三世一切諸佛前，歸
2 命懺悔，　至心懺悔。
3 一切業障海，皆從妄相生。若欲懺悔者，
4 端坐觀實相。衆罪如霜露，惠日能消
5 除。是故應至心，勤懺六根罪。懺悔已，
6 歸命禮三寶。
7 衆罪皆懺悔，諸福盡隨喜。及净佛
8 功德，願成無上智。去來現在佛，於衆
9 生最勝。無量功德海，歸依合掌禮。
10 至心發願，願衆等生生值諸佛，世世恒
11 聞解脱音。弘誓平等度衆生，畢竟
12 速成無上道。發願已，歸命禮三寶。
13 普誦：　處世界，　如虚空。　如蓮花，　不

14 著水。　心清净，　超於彼。　启（稽）首禮，　無
15 上尊。　發願：願以此功德，普及於一
16 切。我等與衆生，皆共成佛道。
17 一切恭敬，自歸依佛，當願衆生體解大道，
18 發無上意。自歸依法，當願衆生深入
19 經藏，智惠如海。自歸依僧，當願衆生
20 統領大衆，一切無礙。

唐西州柳中縣籍

Ch 1649r（T II 1970）

尺寸爲 8×10.3cm，存户籍文字二行，殘存一方朱印痕跡，可定爲「柳中縣之印」（5.2×5.2cm）。户籍廢棄後，被人用來寫占卜書。

參：Thilo 1970, 89，圖 6；池田温 1979, 256 頁；TTD II, A, 73-74, 190；B, 128；榮新江 1998b, 317 頁；Nishiwaki 2001, 63-64。

（前缺）

1

2 壹段肆畝永業常田城北

3 壹段貳畝永業常田城□

（後缺）

唐西州籍

Ch 468v（T II D 287）

尺寸爲10.9×6.4cm，存2行。池田温判定年代在八世紀中葉。正面爲發病書，實則户籍先寫。

參：Thilo 1970, 89-90，圖7；池田温 1979, 256頁；TTD II, A, 74-75, 190；B, 128；榮新江 1998b, 314頁；Nishiwaki 2001, 64。

（前缺）

1 壹段貳畝永業部田叁□　□

2 壹段參畝永業秋□

（後缺）

唐西州籍

Ch 1234r（T III T 418）+ Ch 3457r（T III 2034）

存兩殘片，尺寸分別爲10.9×11.5cm、7.1×8.3cm，各存3行，可以直接綴合（圖二二）。户籍廢棄後，學童在户籍文字空隙處習書千字文，Ch 1234r 墨筆「遐邇」，朱筆「與」，Ch 3457r 墨筆習字「壹孝」，朱筆習字「敬孝」，皆出千字文。吐峪溝遺址出土。

參：Thilo 1970, 91，圖 10；池田温 1979, 256-257 頁；TTD II, A, 74-75, 189；B, 128-129；榮新江 1998b, 316, 320 頁；Nishiwaki 2001, 57, 64；張新朋 2015b, 21-22 頁。

（前缺）

1 □□□南溝　北溝

2 南魯象隴　北澗

3 孫乞　南□□興

4 陂　南陂

5 曹惠朗　南溝

（後缺）

唐西州高昌縣籍

高昌殘影 240 號

尺寸爲 11.6×16.5cm，存 4 行，前後、上均殘，有朱印，池田温推測爲「高昌縣之印」。户籍廢棄後，被用於寫佛典天請問經，存 6 行。背面抄高昌書儀。大阪四天王寺出口常順藏吐魯番文獻，原爲德國吐魯番探險隊收集品。

參：高昌殘影，圖版 XLVI；TTD II, A, 76-77, 88-89；B, 131；池田温 1979, 258 頁；藤枝晃 2005, 145-146 頁。

（前缺）

1 　官田　西毛及　南至渠　北

2 　户　　　　　　課户不輸

3 　隨團括附

4 　後新生附

（後缺）

唐西州籍

Дx.3762＋Дx.4094v

尺寸爲9×12cm，存6行。據1行有「部田三易」，知爲唐西州籍，年代在八世紀前半葉。俄藏定兩件殘片爲同一文書。按背面爲禮懺文，字跡相同，距離不遠，故可定爲一件户籍。

參：Cuguevskii 1983, 489；釋録2, 495-496頁；TTD II, A, 77-79, 185-186；B, 132；王克孝1996, 236頁；俄藏11, 44頁；丘古耶夫斯基2000, 77頁，圖7；關尾史郎2001, 43頁。

（前缺）

1 　部田叁易　城西肆里

2 　步居住園宅

3 　□年叁拾壹歲　　白丁本□

4 □拾伍歳□

（中缺）

5 □段貳畝永業常田 城東□

6 □壹畝永業□

（後缺）

唐西州籍

Дх.7125Bv

尺寸爲 9×12 cm, 2 行。

參：Cuguevskii 1983, 488; 釋録 2, 495 頁; TTD II, A, 77-79, 185; B, 132; 王克孝 1996, 236 頁; 俄藏 13, 258 頁; 丘古耶夫斯基 2000, 76 頁, 圖 6; 關尾史郎 2001, 43-44 頁。

（前缺）

1 □□ 南卤 北渠

2 □ 南卤 北渠

（後缺）

唐開元年間西州籍

Mannerheim MS 12b-1 + Mannerheim MS 12b-2

兩殘片，可綴合，存5行。據勳官下面雙行注記的方式，當爲開元時期的户籍。背面是佛教繪畫。

（前缺）

1 [　　] 丁 [　　]

2 [　　]□年貳拾壹歲 上柱國子 父國[　　] 陸年籍[　　]

3 [　　]娘年貳拾玖歲 丁女 [　　]

4 [　　]□[　　]歲 黃女 [　　]

5 [　　]□年貳拾陸歲 丁 [　　]

（後缺）

唐開元二十九年（741）六月真容寺於于諶城買牛契

SH.177下1

本件存10行，草書。吐魯番出土，裱入柳中遺文册下。第8行牛主名下有粟特文簽名。

參：金祖同1939a, 754-755頁；金祖同1940，圖2, 3-5頁；仁井田陞1936, 85頁；仁井田陞1937, 155頁，圖版3下；羽田亨1975, 606-609頁；嶋崎昌1977, 134-135頁；敦煌資料1, 456頁；TTD, III, A, 14-15頁，B, 27頁；吉

田豊 1989，68-70 頁；陳國燦 2002b，273-274 頁；中村集成下，134 頁；中田裕子 2010，174-175 頁。

1 開元廿九年六月十日，真容寺於于諶城，
2 交用大練捌匹，買興胡安忽娑烏柏
3 特牛一頭，肆歲。其牛及練即日交相
4 付了，如後牛有寒盜，並仰主保
5 知當，不忓買人之事。兩主對面，
6 畫指爲記。
7 　　練主
8 　　牛主安忽娑年卅　yurs（粟特文押字）
9 　　保人安失藥年卅二　一　一　一
10 　　見人公孫秉

唐開元二十九年（741）前後西州高昌縣某寺入破錢物曆

SH.177 下 10

本件前、後缺，存 7 行，乃某寺僧法藏等記注的入破曆，時間自某年三月至四月十三日，有五筆以上。本件缺紀年，據 2 行所記「健兒雷承福」，又見於大谷 2392 號開元二十九年給田文書，本件當在此前後。吐魯番出土，裱入柳中遺文册下。

參：金祖同 1940, 23 頁，圖 22；池田温 1979, 492-493 頁；陳國燦 2002b, 280-281 頁；中村集成下，139 頁。

（前缺）

1 [　　]□佰文□

2 □□□健兒雷承福計當貳阡文，捌佰文酬

3 行人焦嘉會馬價，齊法。（畫押）

4 三月十三日，楊万歲糶麵貳㪷，入[　　]伯文，法藏。

5 錢肆佰文糴小麥壹碩，價直[　　]入庫，法藏。

6 錢壹阡文付可敦，拾碩粟内入，三月十四日記，法藏。

7 錢貳佰柒拾伍文造停子柱，價給得，四月十三日入。

（後缺）

唐開元年間案卷爲作人興胡某事

Дх.2826

尺寸爲 24.7×15.8 cm，存 8 行。陳國燦據文書記録訊案者的簽字，定爲吐魯番文書。

參：俄藏 10，78 頁；陳國燦 2005, 110 頁；程喜霖、陳習剛 2013, 301 頁。

（前缺）

1 作人興胡□[　　]

2 牒被問得牒稱：[ ]
3 答：其胡不是細□[ ]
4 於此市用小練肆[ ]
5 亦不是惡人，及本□□□
6 虛妄，請求受重罪。 謹[ ]
7 被問依實，謹牒。（押署）
8 開元[ ]

唐天寶二年（743）三月交河郡麴懷讓於真容寺徒衆邊領錢抄

SH.177下3

本件後缺，存5行。吐魯番出土，裱入柳中遺文冊下。

參：仁井田陞1937，48頁；小笠原宣秀1960，257頁；TTD, III, A, 162；中村集成下，136頁。

1 麴懷讓於真容寺徒衆邊，領得造經
2 藏價錢陸伯文。天寶二年三月廿五日領錢
3 人麴懷讓抄。
4 橫截□[ ]□准錢壹佰[ ]
5 [ ]□計付壹阡[ ]

（後缺）

唐天寶二年（743）交河郡市估案

羽 561

殘片計存 19 件，部分可以綴合，拼成 13 斷片。共有朱印三方，印文爲「交河郡都督府之印」。梁玉書舊藏，包首題籤：「唐時物價單殘紙，吐魯番出土，素文珍藏。」後轉售日本，歸杏雨書屋收藏。羽田亨曾拍攝照片，存京都大學文學部羽田亨紀念館，編號 829-831。與龍谷大學圖書館藏大谷文書中的唐天寶二年交河郡市估案爲同一組文書，旅順博物館所藏大谷文書中也有部分斷片，因爲大谷文書同組斷片數量較大，這裏僅録羽 561，拼合復原録文，則俟之他日。

參：池田温 1998c, 69-89；敦煌秘笈 7, 284-288 頁；片山章雄 2012, 77-84 頁；陳明 2013, 160 頁；池田温 2014, 728-760 頁。

（一）（831 下）

（前缺）

1 粟　壹㪷　上直錢

2 床　壹㪷　上直錢

（後缺）

（二）（830右）

（前缺）

1 青麥麵壹㪷 上直錢貳拾文 次拾玖文 下拾捌文

2 麤穀麵壹㪷 上直錢拾陸文 次拾伍文 下拾肆文

3 麩 壹㪷 上直錢陸文 次伍文 下肆文

4 麨 壹㪷 上直錢貳拾文 次拾捌文 下拾柒文

5 玉屑壹㪷 上直錢拾柒文 次拾伍文 下拾叁文

6 □㪷 上直錢壹佰柒拾文 次壹佰伍拾文 下壹佰肆拾文

（後缺）

（三）（829上中，831下）

（前缺）

1 □下拾伍文

2 油麻壹㪷 上直錢陸拾陸文 次陸拾伍文 下陸拾肆文

（後缺）

（四）（829左）

（前缺）

1 大綢□□□

2 花綢壹尺　上直錢貳拾捌文　次貳拾柒文　下貳拾陸文

3 □綢壹尺　上直錢貳拾壹文　次貳拾文　下貳拾玖文

4 没地縠子壹尺　上直錢拾陸文　次拾伍文　下拾□□□

（後缺）

（五）（829上右）

（前缺）

1 細鞋壹量　上直錢柒拾文　次陸拾文　下伍拾文

2 次鞋壹量　上直錢伍拾伍文　次伍拾文　下肆拾伍文

（後缺）

（六）（829右下，中下）

（前缺）

1 □□□錢玖文　次捌文　下柒文

2 □□□　次伍文　下肆文

3 □□□　下陸文

（後缺）

（七）（830中）

（前缺）

1 縵皂全裁頭巾壹枚　上直錢叁拾貳文　次叁□

2 縵皂次裁頭巾壹枚　上直錢貳拾陸文　次貳拾伍文　下貳拾肆文

3 麁絁□壹枚　上直錢捌拾文　次陸拾伍文　下肆拾文

（後缺）

（八）（829上右，中中）

（前缺）

1 □直錢拾肆文　次拾叁文　下拾貳文

（後缺）

（九）（829中下）

（前缺）

1 □次拾叁文　□

2 □次壹文　下捌分

（後缺）

（十）（830左）

（前缺）

1 ［　　］直大練拾貳疋　次拾壹疋　［　　］

2 ［　　］上直小練拾肆疋　次拾壹疋　下［　　］

（後缺）

（十一）（831上右）

（前缺）

1 □［　　］

2 胡［　　］

3 鏡壹面［　　］

4 黄礬壹斤［　　］

5 柒梳箱壹具　上［　　］

6 藤梳箱壹枚　上直錢［　　］

7 没石子壹顆　上直錢壹文伍分［　　］

8 高良薑壹兩　上直錢拾叁文［　　］

9 胡薑壹兩　　上直錢陸文　［　　］

（後缺）

（十二）（831左）

（前缺）

1 青木香壹兩　　上直錢拾陸文　　次拾伍文　　下拾肆文

2 甘松香壹兩　　上直錢拾陸文　　次拾伍文　　下拾肆文

3 大黄壹兩　　上直錢肆文　　次叁文　　下貳文

4 □丁壹［　　］

（後缺）

（十三）（831右下）

（前缺）

1 ［　　］貳肆文　［　　］

（後缺）

唐天寶三載（744）前後交河郡蒲昌縣帖爲雇真容寺車牛入山取公廨粮事

SH.177下2

本件存6行。缺紀年，宋仁釗一名又見於阿斯塔那228號墓所出唐天寶三載（744）交河郡蒲昌縣上郡户曹牒，其職任爲登仕郎行主簿判尉（吐魯番出土文書肆，198頁），與本件所署同，其年代亦應與此相當。吐魯番出土，裱入柳中遺文册下。

參：金祖同1939b，761-762頁；金祖同1940，20-22頁，圖20；内藤乾吉1960，28頁；小笠原宣秀1961，207頁；内藤乾吉1963，244頁；小田義久1982，220頁；陳國燦2002b，295頁；中村集成下，135頁；李方2008，151頁；李方2011，227-228，297頁；荒川正晴2013，283-284頁。

1　蒲昌縣　　帖

2　真容寺車牛壹乘

3　右件車牛，帖至仰速入山取公廨□

4　石，待到，准估酬直。七月十九日，史

5　嚴順帖。

6　　　主簿判尉宋仁釗

唐天寶四載（745）前後交河郡蒲昌、柳中兩縣帖料小麥文書

SH.177下4

本件上下、後部殘缺，因文書作廢後剪成圖案入葬，故此各紙片未必是同一文書，今分別録文。第三殘片上有殘印文，當爲「高昌縣之印」。吐魯番出土，裱入柳中遺文册下。

參：金祖同1940，11頁，圖8；中村集成下，137頁。

（前略）

蒲昌、柳中等兩縣今年帖料小麥肆［　　］

［　　］在縣見有壹拾碩餘叁［　　］

［　　］限徵□［　　］

（後缺）

（前缺）

［　　］天［　　］

［　　］迫□

［　　］大［　　］

（後缺）

（前缺）

［　　］□

十二月廿二日［　　］

主簿［　　］

（後缺）

（前缺）

1　［　　］狀［　　］

（後缺）

（前缺）

8　十二月十五［　　］

（後缺）

（前缺）

9　［　　］四載十一月　日高昌縣典［　　］

（後缺）

唐天寶五載（746）閏十月某人從吕才藝邊租田契

SH.177下5

存14行，裂爲三片，綴合後缺第8行。吐魯番出土，裱入柳中遺文册下。

參：仁井田陞 1937，405-406頁，圖7；金祖同 1939a，756-757頁；金祖同 1940，18-19頁，圖18-1,2；西村元佑 1959，342頁；周藤吉之 1959，111頁；仁井田陞 1960，196-197頁；敦煌資料 1，457-458頁；堀敏一 1963，618頁；周藤吉之 1965，49-50頁；池田温 1973，27-28頁；小口彦太 1974，143頁；堀敏一 1975，288-289頁；西村元佑 1980，145，147-148頁；周藤吉之 1985，56-58頁；TTD，III，A，59；B，28；陳國燦 2002b，298-299頁；中村集成下，

136, 131 頁；李方 2013, 251-252 頁；程喜霖、陳習剛 2013, 978-979 頁。

1 天寶五載閏十月十五日，　交
2 用錢肆伯伍拾文，於呂才藝邊
3 租取澗東渠口分常田一段貳畝，東
4 渠，西廢屯，南竺索，北縣公廨。其地要
5 用天寶陸載佃食，如到下子之日，
6 □得田佃者，其錢壹罰貳入。田
7 上所有租殊（輸）百役，仰田[主]知當。
8 □
9 　　錢主
10 　　田主呂才藝載五十八
11 　　保人妻李
12 　　保人渾定仙
13 　　保人
14 　　倩書人渾仙

唐天寶六載（747）四月交河郡某寺給家人春衣歷

SH.177 下 6

本件存7行，前二行人名右上角有點記，表明已領。吐魯番出土，裱入柳中遺文册下。

參：金祖同1939b，759頁；金祖同1940，14-15頁，圖14；小笠原宣秀1961，209頁；池田温1979，472頁；姜伯勤1982，291-292頁；陳國燦2002b，299頁；中村集成下，137頁；張安福、英寶軍2010，110頁。

1　天寶六載四月十四日給家人春衣歷

2　常住　大及　夭子　突奴已上肆人，人各給緤一段充衫，八尺充褌

3　祀奴　未如已上兩人，々各給一段充衫，祀奴給八尺充褌。

4　可僧付緤一段充衫，胡尾子付緤一丈二尺充袴。

5　右件緤玖段，每段用錢貳伯貳買到，用給上件

6　家人春衣，謹以爲案，請僧連署。　僧無生

7　僧　僧玄藏　僧法藏　僧澄練

唐天寶某載交河郡都督府牒

普林斯頓大學Peald 5d2（G. 060）

兩殘片粘貼，29×30cm，存8行，2-3行上有鈐朱印一方，文曰「交河郡都督府之印」。

參：凌文超2009，79-88頁；Chen Huaiyu 2010，99-100，圖G. 060；程喜霖、陳習剛2013，698-699，940頁。

（前缺）

1 史興思
2 二月一日録　事　闕
3 功曹攝録事參軍事　廣文
4 檢　案。　庭　白，　五日。
5 牒檢案連如前，謹牒。
6 二月　日
7 檢　庭　白　□
8 佐曹處。　靜讓　一日

（後缺）

唐交河郡某司牒爲熟皮等估價事

普林斯頓大學藏 Peald 5e（G. 061）

28×13. 5cm，存3行，黄紙，行草書。

參：Chen Huaiyu 2010, 100-101。

（前缺）

1 孰皮須羊脂，准料牒
2 市市送，具估主同上，未

3 檢到，□退取領，仍關

4 □□□□

（後缺）

唐天寶八載（749）二月交河郡天山縣倉史令狐奉瓊牒爲兵健粮料事

普林斯頓大學 Peald 11c（G. 062）

尺寸爲 28.8×22cm，存 7 行。與普林斯頓大學藏 Peald 1a2（G. 064）唐天寶八載（749）牒爲駝馬驢料事及 Peald 1a1（G. 063）唐天寶八載（749）三月牒屬於同組文書。今人已托裱，左下角有印，文曰「雷音寺供養」。

參：凌文超 2009，79-88 頁；Chen Huaiyu 2010，101-102，圖 G. 062；程喜霖、陳習剛 2013，469 頁。

（前缺）

1 答，情意具吐者。但上件麥，倉典侯親通□□

2 給伊吾、天山等軍及本縣界兵健粮料，昨至郡勾

3 會。據行軍赤牒，侯親牒外妄加人畜破料，郡司所已剝

4 徵，其麥收入見在。今侯親不伏剝徵，請追赴郡勘問。被問依實

5 謹牒。庭

6 天寶八載二月　日天山縣倉史令狐奉瓊牒

7 檢庭白

8 廿七日

唐天寶八載(749)二月交河郡下蒲昌縣符

上海圖書館 019(812396)

尺寸爲27.6cm×19.2cm，存6行，爲天寶八載二月符尾部，與普林斯頓大學藏 Peald 11c 唐天寶八載(749)二月交河郡天山縣倉史令狐奉瓊牒爲兵健粮料事等當爲同組文書。

參：上圖1，133頁；陳國燦2002b，301頁。

（前缺）

1 □主者，件狀如前，縣宜准狀，符到奉行。

2 天寶八載二月廿七日

3 府羅及

4 □參軍庭蘭

5 史

6 二月廿七日受

唐天寶八載(749)二月牒爲駝馬驢料事

普林斯頓大學藏 Peald 1a2(G.064)

按現在的裱紙上有前後兩件文書，並不相連，今分别標目。1a2 尺寸爲 27×21.5cm，存 10 行，内容與普林斯頓大學藏 Peald 11c 唐天寶八載（749）二月交河郡天山縣倉史令狐奉瓊牒爲兵健粮料事及上海圖書館 019 唐天寶八載（749）二月牒屬於同組文書。有今人印鈐「雷音寺供養」。

參：Bullitt 1989, 17，圖版 10a；陳國燦 1997, 113-114 頁；Chen Guocan 2000, 88-93，圖 3；陳國燦 2002b, 300-301 頁；凌文超 2009, 79-88 頁；Chen Huaiyu 2010, 105-106，圖 G. 064；程喜霖、陳習剛 2013, 470 頁。

（前缺）

□□［　　］
□倉内解□［　　］駞馬驢料，當時諸
□使親監給付，豈敢要索，文書所給不足，
妄支剝徵，實將抑屈，請别論理，不免限
日填陪者。准狀，□郡倉曹者。依問，倉史令狐
瓊得款，替鸜鵒倉應勾當。於倉典侯親
處，領得破用帳及文牒至郡，依狀通歷，青
麥貳拾叁碩伍㪷，稱奉中丞處分，給諸官馬
料［　　］是實者。又款三
［　　］□□［　　］

（後缺）

唐天寶八載(749)三月交河郡下蒲昌縣符

普林斯頓大學藏 Peald 1a1(G.063)

尺寸爲29.5×19cm，存6行。按，文書中的「府羅通」、「倉曹參軍庭蘭」兩人又見於斯坦因於吐魯番阿斯塔那VII區2號墓發掘的唐天寶八載交河郡倉曹勘檢諸倉倉粮案卷。與普林斯頓大學藏 Peald 11c 唐天寶八載(749)二月交河郡天山縣倉史令狐奉瓊牒爲兵健粮料事及 1a1 唐天寶八載(749)牒爲駝馬驢料事或爲同組文書。

參：Bullitt 1989, 17，圖版 10a；陳國燦 1997, 113-114 頁；陳國燦 2002b, 300-301 頁；凌文超 2009, 79-88 頁；Chen Huaiyu 2010, 103-104，圖 G.063；李方 2011, 106-108 頁；程喜霖、陳習剛 2013, 682-683 頁。

（前缺）

1 蒲昌縣主□符到奉行。

2 天寶八載三月廿四日

3 府羅及

4 倉曹參軍庭蘭

5 史

6 □受其日□

（後缺）

唐天寶年間節度隨軍某解

羅寄梅藏

存6行。或與普林斯頓大學葛思德圖書館藏天寶八載文書屬於同組。

參：陳懷宇2004，421頁；程喜霖、陳習剛2013，303頁。

（前缺）

1 右［　　　］

2 督□自成［　　　］

3 申郡訖。其隱不［　　　］

4 其日申郡。今被符下勘，具［　　　］

5 倉曹者，謹依録申。

6 ［　　　］□節度隨軍高昌縣□［　　　］

（後缺）

唐天寶年間交河郡籍

Дх.9255＋Дх.9267

兩殘片綴合，尺寸爲15×6 cm，存6行。據文書中地名新興，可知爲唐交河郡户籍。

參：Cuguevskii 1983, 490頁；釋録 2, 496頁；TTD II, A, 77-79, 185頁；B, 132頁；王克孝 1996, 236頁；俄藏 14, 143頁；丘古耶夫斯基 2000, 78頁，圖 8；關尾史郎 2001, 44頁。

（前缺）

1 〔　〕滿水渠　東〔　〕

2 〔　〕里北渠　東〔　〕

3 〔　〕□貳拾[里]北渠　東〔　〕

4 〔　〕城北貳拾里北渠　東〔　〕

5 〔　〕城北貳拾里北渠　東〔　〕

6 〔　〕城北貳拾里新興　東〔　〕

7 〔　〕城北貳拾里〔　〕

（後缺）

唐天寶年間交河郡籍

Дх.9334

尺寸爲 9×10. 5 cm, 2 行。

參：Cuguevskii 1983, 490頁；TTD II, A, 79-80, 184頁；B, 132頁；釋録 2, 496頁；王克孝 1996, 237頁；俄藏 14, 152頁；丘古耶夫斯基 2000, 78-79頁，圖 9；關尾史郎 2001, 44頁。

1 户主王處立載陸拾捌歲　□

2 　妻曹載伍拾柒歲　□

（後缺）

唐天寶年間交河郡蒲昌縣籍

Ch 1034（T II T 301）

尺寸爲29.1×23.9cm，存8行，有朱印三方，前兩字不可釋讀，前人疑爲「蒲昌縣之印」（5.2×5.2cm）。吐峪溝遺址出土。

參：Thilo 1970,92，圖12；池田温 1979,259頁；TTD II, A, 80-82, 183；B, 133；榮新江 1998b,315頁；Nishiwaki 2001,65；陳國燦 2002b,314-315頁。

（前缺）

1 　弟遊仙載陸歲　　小男空

2 　弟定德載伍歲　　小男空

　　　陸畝肆拾步已受　陸畝永業

3 應受田壹頃陸畝　肆拾步居住園宅

　　　玖拾玖畝貳伯步未受

4 壹段貳畝永業常田　城南壹里　東至渠　西至路　南至渠　北口分

5　壹段壹畝永業（部田）　城南壹里　　東至渠　　西至路　　南至荒　　北至荒

6　壹段參畝永業（貳畝常田 壹畝部田）　城南壹里　　東至澤　　西至澤　　南至澤　　北還公

7　壹段肆拾步居住園宅

8　户主康文冊載肆拾歲　　白丁本郡天山軍鎮空　　下下户　　課户不輸

（後缺）

唐天寶年間交河郡籍

Ch 50v（T II T 1228）

尺寸爲 12.4×10.8cm，存 4 行。背面爲佛典殘片。吐峪溝遺址出土。

參：周藤吉之 1965，145 頁；Thilo 1970，88-89 頁，圖 5；池田温 1979，262 頁；TTD II，A，86，181-182 頁；B，136；榮新江 1998b，314 頁；Nishiwaki 2001，65 頁。

（前缺）

1　［　　］　　丁女空

2　［　　］□載參拾肆歲　　丁奴空

3　婢不用載貳拾肆歲　　丁婢空

4　［　　］□貳拾壹畝　　（捌畝柒拾 柒拾步）［　　］

（後缺）

唐天寶年間交河郡籍

Дх.9368v

存3行，據常田、部田的説法，知爲西州户籍。正面爲佛教愿文。

參：俄藏14，155頁。

（前缺）

1 一段二畝永業常田　城□

2 一段二畝半永業常田　城東七里□

3 一段四畝永業常田一易　城南六里□

（後缺）

唐交河郡安西坊配田畝曆

Ch 1046r（T II 4042）

尺寸爲17.1×22.6cm，存9行，此爲唐交河郡高昌縣官府規定安西坊内人户或寺觀按日分配田畝數，後有典楊某的合計記録，但其性質不甚明瞭。文書中有「紫極宫」，據宋敏求長安志卷八唐京城南晉昌坊條引禮閣新儀，諸州設紫極宮在天寶二年三月，則此文書必在此後。原分三列記個人、寺院、宮觀下田畝段數，有朱筆勾勒，下部殘缺。

參：榮新江 1998b, 316 頁；榮新江 1999a, 132 頁；Nishiwaki 2001, 73，圖 13；姚崇新 2011, 413-414 頁。

1 安西坊
2 四月廿一日康日進下壹段　[　]
3 崇寶寺又壹段　董寺家[　]
4 劉孝忠下半段　范七娘半段　[　]
5 索嘉晟半段　女婦大娘子半段　曾[　]
6 孫虔晟壹段　王太賓壹段　白[　]
7 紫極宮壹段　崇寶寺僧遁[　]
8 [　][　]壹段　計貳拾　段典楊[　]
9 [　]下半段[　]

（後缺）

唐至德二載（757）交河郡户口帳

Ch 1455（T II I D 65）

尺寸爲 27.1×13.2cm，前後均殘，存 5 行，記每户人口姓名、年齡、丁中、現在或身死等情況。每行下欄記身份處之行首左側，有朱筆批字，末行上部左側也有朱筆殘痕，當爲勾檢官簽署。中國國家圖書館善本部藏有王重民

1935年所獲照片，有原編號 T II I D 65，今已不存。

參：池田温 1979, 262 頁；唐長孺 1983a, 68 頁；TTD II, A, 87-88, 180；B, 136；凍國棟 1993, 414-415 頁；榮新江 1998b, 316 頁；凍國棟 1998, 89-90 頁；Nishiwaki 2001, 66，圖 8；陳國燦 2002b, 317 頁；榮新江 2005, 270-271 頁；李德範 2007, 365 頁；李德範 2008, 11244 頁；唐長孺 2011b, 135-136 頁。

（前缺）

1 □　□天拾叁載籍（？）□□□

□

2 □如獎載拾貳歲　小男同前身死虛存應在

□

3 姑舍利載伍拾肆歲　丁女同前身死虛存應在

□

4 男獻祥載　叁　歲　小男天拾肆載帳後新生附

□

5 妻劉載貳拾陸歲□

（後缺）

唐廣德二年（764）六月行人李有讓牒爲求差追徵欠錢事

Дх.5935v

尺寸爲 20×27.5 cm，7 行。正面爲佛教祈請文。

參：俄藏 12，281 頁；陳國燦 2005，111 頁；陳國燦 2010，185-186 頁。

1 牒有讓去五月廿九日表［　　　］

2 □買野麻衫叁領，五佰八十［　　　］

3 有讓邊取錢買衫，□□□

4 還，文契見在，今□□□□□□□□表兄

5 □後，微理無憑，□□□□□□□□□司祈命

6 差人追徵，庶免欺負，謹牒。

7 　　　廣德二年六月　　日行人李有讓　　牒

唐廣德三年（765）二月交河縣連保請舉常平倉粟牒

Ch 5606，Ch 5611a，Ch 5616（原編號共作 T III 315）

這組牒文原有五件，現僅存三件，分别編作 Ch 5606（B14/1，2），Ch 5611a（B9），Ch 5616，其他二戰後遺失。有朱筆勾跡，行間有小字，今録入行中，人名下部有指節。紙縫押有朱印，印文爲「交河縣之印」。

參：仁井田陞 1936，92-93 頁；仁井田陞 1937，318-322 頁；仁井田陞 1962，59，673-676 頁，圖版 14-17；堀敏一 1986，457-459 頁；張弓 1986，119-121 頁；TTD III，A，34-35；B，31-33；李錦繡 1995，755 頁；堀敏一 1986，438-459 頁；堀敏一 1996，388-390 頁；Nishiwaki 2001，71；陳國燦 2002b，328 頁；大津透 2006，312-313 頁。

（前缺）

保頭令狐義𤦺請常平倉粟壹碩伍㪷。付身，光。——
保内康義節准前粟壹碩。付身，光。——
保内顔玄感准前粟壹碩。感，光。——
保内支奉仙准前粟兩碩。付男皎盛領，光。——
保内王令仙准前粟兩碩。付身，光。令仙。——
　問得前件人等連保狀，各請上件粟。至
時熟，依官數收納。如保内有人逃避，不辦輸
納，連保之人能代輸不？但義𤦺等各請前件粟，
時熟准數送納，所有保内欠少，並請代納。被問依實，
謹牒。
　　　　　廣德三年二月　日
保人前別將衛元敬年五十三　——
保人郭行運年六十　——
保人索希進年卅　——
保人康智亮年卌六　——
保人宋良胤年廿五　——

劉日昇請舉常平倉粟伍碩。光。日昇領。———
　問得上件人款稱，請舉前件粟。
時熟官徵收本利日，能代均納否？仰
□，但元敬等保知上件人，官粟徵日辦
□東西及不辦輸納，連保人等
（中缺）
保内牛大壽請□
保内王行質請兩碩。付身領。光。———

　問得上件人等各請前件粟，依官法徵
□，至時熟徵，保内有人逃避，不辦輸納，連保之人
能代納否？仰答者，但大忠等各請前件粟，如
至徵收保内有不辦輸納，連保人並請代
納。被問依實，謹牒。
　　廣德三年二月　日
保頭宋虔祐請常平倉粟兩碩。付身。光。———
保内索崇光請粟兩碩。———

保内宋義實請粟兩碩。付男文復領。　光。　—　—　—
保内梁由吾請粟叁碩。付身領。　光。　—　—　—
保内康智亮請粟叁碩。付男瓊心領。　光。　—　—　—
　問得前件人狀，各請前件粟，依官生利，如至時熟徵□，
保内有人東西逃避不辦輸納，連保之人能代輸納否？　但虔祐等
各請前件粟，如至徵收之日，保内有人東西，不辦輸納，□□
□□願代納。被問依實，謹牒。
　　廣德三年二月　日
保頭蘇大方請粟叁碩。付大方領。　□
保内康虔實請粟壹碩。付妻王領。　—　—　—
保内曹景尚請粟兩碩。付身領。　光。　—　—　—
保内楊虔保請粟兩碩。付身領。　光。　—　—　—
保内衛草束請粟兩碩。付身草束。　光。　—　—　—
　問得狀稱，上件粟至十月加叁分納利者，仰答，□
保内有人東西逃避不辦輸納，連保之人能代輸
納□否者。但大方等保知上件人所請常平倉粟，
如至□均攤代納。被問□

50 廣德□□□月 日

唐永泰三年（767）西州田租簿

Ch 1045（T II 1784）+ Ch 2402（T II 6764）

存兩殘片，綴合後尺寸爲 35.7×18.3cm，共 16 行，大字，秀美整潔，人名上有朱筆或墨筆勾勒或點記，又有別筆朱書文字，池田温疑爲「同見」。文中有「永三」，池田温疑即「永泰三年」，可從。

參：池田温 1979, 501 頁；關尾史郎 1992, 38-43 頁；榮新江 1998b, 316 頁；Nishiwaki 2001, 66-67，圖 9；陳國燦 2002b, 330 頁。

（前缺）

1 、張[ ]
、同見

2 、楊秀秀貳畝 秋[ ]
、同見

3 仇洪法叁畝半 十月[ ] 陸□□[ ]
同

4 張屯念伍畝半見秋壹畝[

、同

5 、張善智壹畝半　見秋貳畝［　　］

、同

6 王虔應拾畝見　十月十［　　］

、同

7 、周大誠貳畝見　秋陸拾步［　　］

、同

8 張□亥捌畝半見　十月廿日入了□［　　］

、同　□

9 張遠子貳畝見　永三正月廿日入粟叁［　　］

、同

10 祁奉庭陸畝半見　十月廿一日入□［　　］　又入欠口

、日

11 □錦東陸畝見十月廿日入了［　　］

、同

12 □忠順肆畝見 十月九□

、同

13 □光俊貳畝見 十月廿入□□ □

-------- □（押署）--------

14 、安大明壹畝半見 □

、同

15 、康阿八貳畝 □

、同

16 康小奴貳 □

（後缺）

唐建中三年（782）三月二十七日授百姓部田春苗歷

Дх.1328r

尺寸爲24×24cm，存8行。

參：池田温1979，501頁；姜伯勤1980，39頁；Cuguevskiĭ 1983，439；釋録2，373頁；施萍婷1996，72頁；俄藏8，95頁；孟列夫1999a，634-635頁，圖13；丘古耶夫斯基2000，105-106頁，圖28；關尾史郎2001，42頁；陳國

燦 2002b, 337-338 頁；陳國燦 2005, 105 頁。

建中三年三月廿七日授百姓部田春苗歷
張奉朔貳畝青　令狐奉瓊□□小　令狐奉仙□［　　］
侯元□畝小　薄元近陸畝青　□天保伍畝□［　　］
曹忠受伍畝小　薄志德伍畝小　趙温孝陸畝［　　］
僧元住陸畝小　張四娘子陸畝小　劉巧言□［　　］
令狐進福肆畝小　壹畝青　王春兒肆□［　　］
劉栖祐肆畝青　薄瓊玉貳畝青［　　］
范□［　　］
（後缺）

唐西州佃田計布曆

Ch 924v（無原編號）

尺寸爲 11×15. 8cm，存 9 行，字草難識，提到「拓萄（葡萄園）」，所交布匹數旁有朱筆點記。

參：池田温 1979, 491 頁；榮新江 1998b, 315 頁；Nishiwaki 2001, 66，圖 1。

（前缺）

1 □□

2 佃康大□

3 □□佃曹忠孝常田壹畝。

4 奉祥計布壹丈玖尺伍寸。

5 □衛元領常田半畝，陸尺伍寸。

6 計壹段，貳丈壹尺陸寸。

7 □拓萄半畝，陸尺伍寸。□

8 拓萄半畝，陸尺伍寸。

9 □保菜陸

（後缺）

唐西州田簿

Дx.1393 + Дx.1465v

尺寸爲 42.5×25 cm，存 15 行。八世紀中葉。

參：山本達郎 1965，526 頁；池田温 1979，492 頁；姜伯勤 1980，39 頁；釋録 2，458 頁；施萍婷 1996，77 頁；俄藏 8，135 頁；孟列夫 1999a，635 頁；丘古耶夫斯基 2000，101-102 頁，圖 24；關尾史郎 2001，42 頁。

（前缺）

康卷下粟三畝半[　　]
郭令琮貳拾玖畝
康安下粟叁畝　宋奉下粟貳畝　又粟壹□[　　]
安高下床叁畝　康璀下粟貳畝　支方下菉豆貳畝
又油麻柒畝　又床壹畝半
石車鼻之貳拾陸畝半
周禿下貳畝　康順下肆畝半　又油麻伍畝　又[　　]
又油麻壹拾叁畝
雷振威壹拾畝
曇天下油麻貳畝　又粟□畝　黄高下粟壹畝
郭處寬壹拾壹畝半
安高下粟叁畝　又粟叁畝　又粟壹畝半

- - - - - - - - - -

奴由子叁畝半
遐子下油麻壹畝半　又菉豆壹畝　康順下油[　　]
奴九兒五畝

（後缺）

唐西州官府殘帳

Ch 1046v（T II 4042）

尺寸爲 17.1×22.6cm，存 9 行，大字楷書，頗工整。

參：榮新江 1998b，316 頁；Nishiwaki 2001，77。

（前缺）

1 四□

2 一十一人　判□

3 三　人北　庭□

4 四百卅人　見在州造□

5 共一百七十二張面□

6 八十六張□

7 八十□

一百五十九張面□

一十三張□

8 段長支一張□

9 宜禄□

（後缺）

唐西州領錢曆

Ch 2404（無原編號）

尺寸爲22.2×17.5cm，存8行，文書第2行和第4行「文」字以上文字，與其他文字字體相同，但墨色不同，當係不同時間所書，内容屬於同一文書。紙上有朱色痕跡，或原有朱印。據所記「錢貳阡文，買布送北庭張僧政」，當爲西州文書。

參：榮新江 1996a, 83頁；榮新江 1998b, 318頁；Nishiwaki 2001, 74。

（前缺）

1 □九月十五日夜麵直錢玖阡文内肆阡文前作，後作伍阡文張□

2 □壹阡文，共計拾阡文，充送州司設料，典張解。

3 □錢，九月十五日長史入州，分付典孫秀。

4 □□錢貳阡文，買布送北庭張僧政。

5 □領錢壹拾阡文，送州充設料，典張解。

6 □□阡文，翟嘉之領。

7 □壹拾伍阡文，分付孫秀。

8 □□共孫秀同付□□

（後缺）

唐某年十二月廿七日典孫秀牒

Ch 2923（T II 1818）

尺寸爲 19.6×7.6cm，存 4 行，字草，有朱點。典孫秀又見 Ch 2404 唐西州領錢曆。

參：榮新江 1998b，319 頁；Nishiwaki 2001，69。

（前缺）

1 花□□漏

2 □　□坊到□牒

3 今内行付送布人□上。十二月廿七日典孫秀□

4 □□孫　廿七□

（後缺）

唐西州酬炭車脚價錢文書

SH.177 上 3

存 5 行。按方亭或指方亭戍，屬蒲昌府，則本件似爲蒲昌府文書。吐魯番出土，裱入柳中遺文册下。

參：金祖同1939b，759-760頁；金祖同1940，12頁，圖10；中村集成下，130頁；程喜霖、陳習剛2013，713頁。

（前缺）

1 □□□□□文　　　———

2 右酬炭壹車脚價，付主張孝德　　———

3 □□□謹牒

4 衛士李隆德方亭上

5 宋醜胡

（後缺）

唐某年七月西州衛士陰回運、徐進達等辭爲請海峻等入山替番事

SH.148-1

尺寸爲28.7×37.6cm，存12行。原爲梁玉書（素文）舊藏，裱入吐魯番出土唐人墨跡（十五）册中。

參：金祖同1939b，761頁；金祖同1940，18頁，圖17；中村集成中，370頁；程喜霖、陳習剛2013，9頁；包曉悦2015b，107頁。

□□□年七月　日衛士陰迴運、徐進達等辭：
□海峻上上戶、王屯子上下戶，
縣司：迴運等於烏塢放馬，近下經一十五
日。前件二人住在山北，見當烏塢
番上，以得一月，當下。迴運等望替烏
塢番上，請海峻等入山，將爲恰
當。謹以辭陳，請裁，謹辭。
海峻見上，不可遣去。
依前屯子勒遣即
去，更不得停住，立須
得罪。澈示。
六日。

唐西州虔勖牒爲請徵交河帖料填還所欠中館錢物事

SH.177下-9

本件前、後缺，存4行。吐魯番出土，裱入柳中遺文册下。

參：金祖同1940，13頁，圖12；中村集成下，138頁。

（前缺）

1 □遷延不爲徵送，虔勗見欠中館迴

2 殘米廿石、麵八石八斗、錢一十八千文，今被縣司徵撮切急，

3 合取前件帖料填還，折除外欠，即合虔勗出。今見捉

4 達匪館祇承，猶自不濟，其迴殘錢物，請爲徵交河帖

（後缺）

唐軍府規範健兒等綱紀狀

中國國家圖書館BD09330（周051）+中國國家博物館38

尺寸爲分別爲27.5×18.5cm、28.3×19.6cm，可以直接綴合（圖一二三），綴合後存15行，行書。審其内容，或爲吐魯番文書。後者爲羅振玉舊藏。

參：許國霖敦煌雜録下（1937年），葉177a；羅振玉1939，413頁；池田温1979，380頁；劉俊文1989，295-297頁；程喜霖1991，405-406頁；法書大觀11，235-236，178頁；國家圖書館藏敦煌遺書105，268頁；條記目録53頁；孫繼民2002a，12-15頁；孫繼民2002b，51-57頁；陳國燦2002b，284頁；榮新江2009，9－10+封2圖版；鄭顯文2012，359-360頁；程喜霖、陳習剛2013，417-418頁；王永興2014a，198，234頁；王永興2014b，54-55頁。

（前缺）

竟不來，遂使軍州佇望消息。於今後仰放火之處，約述（束）逗留，放火後續狀遞報，勿稽事意，致失權宜。輒違晷刻，守捉官副追決卅；所由知烽健兒決六十棒。

〔一〕法令滋彰，盜賊多矣。隄防不設，姦宄厥興。欲存紀綱，須加捉搦。仰虞候〔与〕守捉官相知捉搦，務令禁斷。各仰明分地界，不得相推，必寘嚴科，無一輕恕。

一　衙前健兒，爰及帖傔，若居兩院，窄狹不容，如令散居，便有過生。其健兒並於南營安置，帖傔勒入兩廂，仍勒健兒分番上下，其翻次、人數，仰所由具狀録申。

（後缺）

唐牒文事目曆

Ch 799（T III MQ 5. 16. 13. -H）

尺寸爲11.9×8.8cm，存3行，字極草。提到「健兒」，爲唐朝官文書。

參：榮新江1998b，315頁；Nishiwaki 2001, 70。

（前缺）

1 ［ ］狀爲供李［ ］

2 ［ ］□狀爲健兒［ ］

3 ［ ］狀爲市牛□［ ］

（後缺）

唐帳曆

Ch 1499（T II 1763）

尺寸爲17.9×12.6cm，存2行，字體粗大。唐代文書。背面無字。

參：榮新江1998b，317頁；Nishiwaki 2001, 77-78。

（前缺）

1 ［ ］同國

2 □可當錢壹千捌佰肆拾□

（後缺）

唐牒尾判詞

Ch 3004v（T II 1107）

尺寸爲16.3×16.6cm，存4行。另一面爲千字文。

參：榮新江1998b, 319頁；Nishiwaki 2001, 68-69。

（前缺）

1 □依判諮。李□

2 　　　　廿三日

3 □判。履温示。

4 　　　　廿三日

唐名籍

Дх.3676v

尺寸爲15.5×15 cm，存6行。背爲佛教文獻，有圖。

參：釋録2, 498頁；施萍婷1997, 321頁；俄藏11, 22頁；丘古耶夫斯基2000, 100-101頁，圖23；關尾史郎

2001, 43頁。

1 □十八□

2 婢春草廿九丁　□

3 户力皓五十九老

4 □□相七十四

5 户劉浪浪廿五

6 □

唐名籍

Ch 66(T III S 23.1)

尺寸爲8.8×10.5cm，存3行。勝金口遺址出土。

參：榮新江1998b, 314；Nishiwaki 2001, 84。

1 □静　張神□　白□子　楊文

2 王仁勣　盧九恩

3 □□

唐名籍

SH.130

此爲中村集成原定名爲月令卷中一殘片，吴麗娱、陳麗萍編爲B1-4行。内容爲名籍，人名旁有點記或草寫文字，包括「召」「干」「川」「曲」等，不明何意，暫不録。

參：中村集成中，284頁；吴麗娱、陳麗萍2012，87-104頁。

（前缺）

1 □忠　□□□□

2 □光忠　皇甫欽順　成大弟□

3 □麴思順　邢大方　强知遠　畫□

4 □張老釗□思□□

（後缺）

唐貞元九年（793）二月殘狀

舊金山亞洲藝術博物館2

殘片尺寸不明，存3行文字，被剪作鞋樣形狀。裱入唐人玉屑册中，題「出吐魯番三堡」，有王樹枏題：「此狀殘闕，只餘年號。」

（前缺）

1 □都□

2 □狀　如　前　謹□

3 貞元九年二月　日□

（餘白）

唐貞元十一年（795）録事某牒

静嘉堂文庫藏卷

殘片，只存1行文字（圖二一四），爲牒文一類的唐朝官文書，表明至少此時唐朝勢力尚未全部退出西州。原爲梁玉書（素文）舊藏，裱入六朝以來寫經殘字，有段永恩跋：「按貞元十一年爲唐德宗在位之第十七年，此紙僅存數字，下有録事某字，蓋亦録事所上之牒文也。」

參：榮新江1996a，189頁；陳國燦1996，430-431頁；朱玉麒2013，42頁；森安孝夫2015，272頁。

（前缺）

1 貞元十一年正月　日，録事□

（後缺）

唐某人狀

静岡縣磯部武男藏004

尺寸爲5.4×26.0cm，前、後缺，上部殘，存9行，每行存2－4字不等。

參：丸山裕美子1999，24頁。

（前缺）

1 ［　　　］倍作，廣
2 ［　　　］不放，無
3 ［　　　］壹疋，索
4 ［　　　］留昌女阿
5 ［　　　］弟僧道寬，
6 ［　　　］總定子，男
7 ［　　　］處投告。
8 ［　　　］□說不得
9 ［　　　］
10 ［　　　］子狀

唐便麥曆

静岡縣磯部武男藏005

尺寸爲15.1×5.5cm，前、後缺，下殘，存3行。

參：丸山裕美子 1999，24-25頁。

（前缺）

伍㪷，至秋兩碩貳㪷伍升。□

宋悦友便麥壹碩伍㪷，至秋□

□□□□□□

（後缺）

唐西州等愛寺狀爲差科事

Дх.1299

尺寸爲 14×10.5 cm，存7行。

參：俄藏 8，69頁；孟列夫 1999a，670頁；丘古耶夫斯基 2000，102頁，圖25；關尾史郎 2001，41-42頁；陳國燦 2005，112-113頁。

等愛寺　狀上

差科

右當寺貧虚，衆人

具委，地田復少，奴婢

不多，僧徒絶粮，已

6 經累歲，家人無食
7 餬口，露於地田出
（後缺）

唐西州諸寺法師禪師名簿

遼寧省檔案館藏卷6

本件所記十一個寺院，追福、崇福、萬壽、普光、開覺、等愛等六寺見於其他西州文書，因此，本件是西州寺院文書。

參：遼寧省檔案館 1982，3 頁；榮新江 1985，32 頁；陳國燦 2001，96-97 頁；王永興 2014a，307 頁。

（前缺）
1 追福寺麴上座　劉師　崇福寺真師　方師
2 麴師　張逸師　萬壽寺竹師　恩師　劉師
3 普光寺麴素師　和都師　開覺寺張都師
4 周師　普照寺李禪　令狐師　等愛寺于師
5 證聖寺張静師　孟師　勵懃寺鞏師
6 永法師　法施寺賈師□兩疋　大寶寺鞏師
7 □□寺黄寺主　司空禪　樊禪　吴師　麴都師
（後缺）

唐西州僧敬先牒爲請僧爲亡妣七七追福事

普林斯頓大學Peald 1e(G. 068)

30×15. 3cm，存65行。其中提到的崇寶、妙德、玄覺等寺，均是唐西州寺院。

參：Chen Huaiyu 2010, 112-113頁，圖G. 068。

（前缺）

1 崇寶寺上坐　都師　□度寺主

2 妙德合寺　張素師　玄覺藭兄師

3 右敬先明日奉爲亡妣七々追

4 福，謹屈　諸德等辰前

5 早降小弟，不次。僧敬先帖。

6 八日

（後缺）

唐西州丁谷僧惠静狀爲訴僧義玄打罵誣陷事

SH.117下-7

存10行。據西州圖經，西州有丁谷窟寺，本件還提及到「州城」，知爲唐西州時期文書。吐魯番出土，裱入柳中遺文册下。
参：金祖同 1939b, 760-761 頁；金祖同 1940, 15-16 頁，圖 15；中村集成下，138 頁。

丁谷僧義玄
右惠静自往山居，早經五年，粮食、米麵、鐺鍋、
氈篔，一切家具皆從縣下將往窟所。無何，
乃被前件僧打罵，道清等具見。惠静陳
狀，今見推問，因兹乃□加誣，口云當房及
諸窟所度失脱，及志丁谷尸羅等數人
通款。諸窟及當房不曾有失脱，慺伊妬
害，傷煞亦能。其義玄丁谷一切材木梨脯，
去年十一月廿日夜般兩車送入州城，惠静
共數人具見，尚自不論，却被羅𦅸（織）云，一切
□□□

（後缺）

參考文獻與縮略語

白石將人 2013. 書道博物館藏吐魯番出土左傳服虔注殘卷について，敦煌寫本研究年報 7，347-360 頁。

白石將人 2016. 西陲出土日藏左傳昭公殘卷兩種，國際漢學研究通訊 12，北京：北京大學出版社，105-120 頁。

白須浄真 1981. 高昌墓磚考釋（三），書論 19，155-173 頁。

白須浄真 1986. 高昌、闞爽政權と緣禾、建平紀年文書，東洋史研究 45-1，76-111 頁。

包曉悦 2015a. 日本書道博物館藏敦煌吐魯番「寫經殘片册」的文獻價值，文獻 2015-5，36-47 頁。

包曉悦 2015b. 日本書道博物館藏吐魯番文獻目録（上篇），吐魯番學研究 2015-2，96-146 頁。

包曉悦 2016. 日本書道博物館藏吐魯番文獻目録（中篇），吐魯番學研究 2016-1，132-156 頁。

包曉悦 2017. 日本書道博物館藏吐魯番文獻目録（下篇），吐魯番學研究 2017-1，125-153 頁。

北大＝北京大學圖書館、上海古籍出版社合編北京大學圖書館藏敦煌文獻 1-2，上海：上海古籍出版社，1995 年。

波波娃 2012. 俄羅斯科學院東方文獻研究所西域收藏品中的漢文文獻研究，波波娃、劉屹主編敦煌學：第二個百年的研究視角與問題（*Dunhuang Studies: Prospects and Problems for the Coming Second Century of Research*），聖彼得堡，205-208 頁。

柴劍虹 1999. 德藏吐魯番北朝寫本魏晉雜詩殘卷初識，慶祝吳其昱先生八秩華誕敦煌學特刊，臺北：文津出版社，107-116 頁。
柴劍虹 2000. 敦煌吐魯番學論稿，杭州：浙江教育出版社。
陳國燦 1990. 武周時期的勘田檢籍活動——對吐魯番所出兩組敦煌經濟文書的探討，敦煌吐魯番文書初探二編，武漢：武漢大學出版社，370-418 頁。
陳國燦 1995. 吐魯番出土元代杭州「裹貼紙」淺析，武漢大學學報 1995-5，41-44 頁。
陳國燦 1996. 安史亂後的唐二庭四鎮，唐研究 2，北京：北京大學出版社，415-436 頁。
陳國燦 1997. 美國普林斯頓所藏幾件吐魯番出土文書跋，魏晉南北朝隋唐史資料 15，武漢：武漢大學出版社，109-117 頁。
陳國燦 1999. 唐代的經濟社會，臺北：文津出版公司。
陳國燦 2001. 遼寧省檔案館藏吐魯番文書考釋，魏晉南北朝隋唐史資料 18，87-99 頁。
陳國燦 2002a. 敦煌學史事新證，蘭州：甘肅教育出版社。
陳國燦 2002b. 吐魯番出土唐代文獻編年，臺北：新文豐出版公司。
陳國燦 2005. 俄藏敦煌文獻中吐魯番出土的唐代文書，敦煌吐魯番研究 8，北京：中華書局，105-114 頁。
陳國燦 2010. 論吐魯番學，上海：上海古籍出版社。
陳國燦 2015. 吐魯番地名的開創期——吐魯番地名研究之二，吐魯番學研究 2015-2，33-39 頁。
陳國燦 2016. 唐西州的四府五縣制——吐魯番地名研究之四，吐魯番學研究 2016-2，10-23 頁。
陳昊 2009. 德藏吐魯番文書「推三陣圖法」古注本考釋，文獻 2009-4，17-25 頁。

陳懷宇 2004.普林斯頓所見羅氏藏敦煌吐魯番文書，敦煌學 25，419-441 頁。
陳懷宇 2014a. The Benji jing and the Anle jing: Reflections on Two Daoist and Christian Manuscripts from Turfan and Dunhuang，2014 月 9 月 6 日-9 日普林斯頓大學敦煌學國際學術研討會論文。
陳懷宇 2014b.從兩件德藏吐魯番文書看景教與道教之聯係，張小貴主編三夷教研究——林悟殊先生古稀紀念論文集，蘭州：蘭州大學出版社，290-311 頁。
陳明 2002.俄藏敦煌文書中的一組吐魯番醫學殘卷，敦煌研究 2002-3，100-108 頁。
陳明 2005.殊方異藥——出土文書與西域醫學，北京：北京大學出版社。
陳明 2013.中古醫療與外來文化，北京：北京大學出版社。
陳陗 2014.吐魯番出土中醫藥文書研究，南京中醫藥大學碩士論文。
陳增岳 2008.敦煌古醫籍校證，廣州：廣東科學技術出版社。
程喜霖 1991.漢唐烽堠制度研究，臺北：聯經出版公司。
程喜霖 2006a.吐魯番新出唐代烽鋪文書考釋——新出烽鋪文書研究之一，新疆吐魯番地區文物局編吐魯番學研究：第二届吐魯番學國際學術研討會論文集，上海：上海辭書出版社，60-68 頁。
程喜霖 2006b.唐代烽鋪建制新證——新出烽鋪文書研究之二，西域研究 2006-3，22-29 頁。
程喜霖 2013a.論唐代西州鎮戍——以吐魯番唐代鎮戍文書爲中心，西域研究 2013-2，9-19 頁。
程喜霖 2013b.吐魯番文書所見定遠道行軍與定遠軍，程喜霖、陳習剛編吐魯番唐代軍事文書研究研究篇，烏魯木齊：新疆人民出版社，216-246 頁。

程喜霖 2013c. 烽鋪考論，程喜霖、陳習剛編吐魯番唐代軍事文書研究研究篇，烏魯木齊：新疆人民出版社，313-404頁。
程喜霖 2013d，吐魯番文書所見唐代鎮戍守捉，程喜霖、陳習剛編吐魯番唐代軍事文書研究研究篇，烏魯木齊：新疆人民出版社，216-246頁。
程喜霖、陳習剛 2013. 吐魯番唐代軍事文書研究文書篇，烏魯木齊：新疆人民出版社。
池田温 1961. 中國古代墓葬の一考察——随葬衣物券について，國際東方學者會議紀要 1961-6，51-60頁。
池田温 1973. 中國古代の租佃契（上），東洋文化研究所紀要 60，1-112頁。
池田温 1975. 中國古代の租佃契（中），東洋文化研究所紀要 65，1-112頁。
池田温 1976. 現存開元年間籍帳の一考察，東洋史研究 35-1，46-83頁。漢譯文載唐代均田制研究選譯，蘭州：甘肅教育出版社，1992年，277-316頁。
池田温 1979. 中國古代籍帳研究，東京：東京大學出版會。
池田温 1985. 高昌三碑略考，三上次男博士喜壽記念論文集歷史編，東京：平凡社，102-120頁；謝重光漢譯，敦煌學輯刊 1988-1、2，146-161頁。
池田温 1990. 中國古代寫本識語集録，東京：東京大學東洋文化研究所。
池田温 1998a. 開元十三年西州都督府牒秦州殘牒簡介，敦煌吐魯番研究 3，北京：北京大學出版社，105-128頁。
池田温 1998b. 東京書道博物館所藏唐代西州地畝文書殘片簡介，出土文獻研究 4，北京：中華書局，66-71頁。

池田温 1998c. 盛唐物價資料をめぐって——天寶 2 年交河郡市估案の斷簡追加を中心に，創價大學シルクロード研究創刊號(1998-3)，69-90 頁。
池田温 2004. 書道博物館藏高昌延和八年寫放光般若經殘卷，シルクロード研究 4，31-38 頁。
池田温 2014. 唐史論考——氏族制と均田制，東京：汲古書院。
赤尾榮慶 2002. 上野コルクションと羅振玉，高田時雄編草創期の敦煌學，東京：知泉書館，71-78 頁，口繪 1-4。
船越泰次 1984. 北朝隋唐代の户等制をめぐって，唐代史研究會編中國律令制の展開とその國家社會との關係：周邊諸地域の場合を含めて，東京：刀水書房，105-115 頁。
崔中慧 2013. 由涼王大且渠安周造寺功德碑探討北涼宫廷寫經體，王三慶、鄭阿財合編2013 敦煌、吐魯番國際學術研討會論文集，臺南：成功大學中國文學系，345-368 頁。
大川富士夫 1978. 古本三國志をめぐって，立正大學文學部論叢 62，35-57 頁。
大谷勝真 1936a. 高昌麴氏王統考，京城帝國大學創立十周年紀念論文集(京城帝國大學文學會論纂 5 史學篇)，大阪：屋號書店，1-44 頁。
大谷勝真 1936b. 高昌國における儒學，服部先生古稀祝賀記念論文集，京都：富山房，213-226 頁。
大谷文書集成壹 = 小田義久編大谷文書集成壹，京都：法藏館，1984 年。
大谷文書集成貳 = 小田義久編大谷文書集成貳，京都：法藏館，1990 年。
大谷文書集成叁 = 小田義久編大谷文書集成叁，京都：法藏館，2003 年。

大谷文書集成肆＝小田義久編大谷文書集成肆，京都：法藏館，2010年。
大津透 1988. 唐律令制下の力役制度について——日唐賦役令管見，東洋文化 68，109-148 頁。
大津透 1990. 大谷、吐魯番文書復原二題，東アジア古文書の史的研究（唐代史研究會報告第Ⅶ集），東京：刀水書房，90-104 頁。
大津透 1993. 唐日律令地方財政管見——館驛驛傳制を手がかりに，笹山晴生先生還曆記念會編日本律令制論集（上），東京：吉川弘文館，389-440 頁。
大津透 2006. 日唐律令制の財政構造，東京：岩波書店。
大庭脩 1959. 吐魯番出土北館文書——中國驛傳制度史上の一資料，西域文化研究第二敦煌吐魯番社會經濟資料上，京都：法藏館，367-380 頁。
大庭脩 1985. 吐魯番出土的北館文書——中國驛傳制度史上的一份資料，姜鎮慶、那向芹譯，敦煌學譯文集——敦煌吐魯番出土社會經濟文書研究，蘭州：甘肅人民出版社，784-817 頁。
大西磨希子 2014. 聖語藏の寶雨經——則天文字の一資料，敦煌寫本研究年報 8，69-82 頁。
大西磨希子 2015. 五月一日經寶雨經餘滴，敦煌寫本研究年報 9，39-55 頁。
大淵忍爾 1978. 敦煌道經目録編，東京：福武書店。
大淵忍爾 1979. 敦煌道經圖録編，東京：福武書店。
嶋崎昌 1977. 隋唐時代の東トゥルキスタン研究——高昌國史研究を中心として，東京：東京大學出版會。
道藏，北京、上海、天津：文物出版社、上海書店、天津古籍出版社，1988 年。

鄧文寬 2001. 吐魯番出土明永樂五年丁亥歲（1407）具注曆日考，敦煌吐魯番研究 5，北京：北京大學出版社，263-268 頁。
鄧文寬 2002. 敦煌吐魯番天文曆法研究，蘭州：甘肅教育出版社。
凍國棟 1993. 唐代人口問題研究，武漢大學出版社。
凍國棟 1998. 關於唐代前期的丁口「虚掛」——以敦煌吐魯番文書爲中心，魏晉南北朝隋唐史資料 16，武漢大學出版社，85-91 頁。
渡邊幸三 1957. 中央亞細亞出土的本草集注殘簡文獻學的研究，儲天任譯，上海中醫藥雜誌 1957-11，39-42 頁。
渡邊幸三 1987. 中央亞細亞出土本草集注殘簡に對する文獻學的研究，本草書の研究，大阪：杏雨書屋，248-265 頁。
敦煌經部文獻合集 1-11，張涌泉主編，北京：中華書局，2008 年。
敦煌秘笈影片册 1，大阪：杏雨書屋，2009 年。
敦煌秘笈影片册 7，大阪：杏雨書屋，2012 年。
敦煌秘笈影片册 8，大阪：杏雨書屋，2012 年。
敦煌資料 1 = 中國社會科學院歷史研究所資料室編敦煌資料 1，北京：中華書局，1961 年。
府憲展 1996. 敦煌文獻辨疑録，敦煌研究 1996-2，84-95 頁。
俄藏 5 = 孟列夫、錢伯城主編俄羅斯科學院東方研究所聖彼德堡分所藏敦煌文獻（簡稱俄藏敦煌文獻）5，上海：上海古籍出版社、俄羅斯科學出版社東方文學部，1994年。

俄藏6＝俄藏敦煌文獻6，上海：上海古籍出版社、俄羅斯科學出版社東方文學部，1996年。

俄藏8＝俄藏敦煌文獻8，上海：上海古籍出版社、俄羅斯科學出版社東方文學部，1997年。

俄藏9＝俄藏敦煌文獻9，上海：上海古籍出版社、俄羅斯科學出版社東方文學部，1998年。

俄藏10＝俄藏敦煌文獻10，上海：上海古籍出版社、俄羅斯科學出版社東方文學部，1998年。

俄藏11＝俄藏敦煌文獻11，上海：上海古籍出版社、俄羅斯科學出版社東方文學部，1999年。

俄藏12＝俄藏敦煌文獻12，上海：上海古籍出版社、俄羅斯科學出版社東方文學部，2000年。

俄藏13＝俄藏敦煌文獻13，上海：上海古籍出版社、俄羅斯科學出版社東方文學部，2000年。

俄藏14＝俄藏敦煌文獻14，上海：上海古籍出版社、俄羅斯科學出版社東方文學部，2000年。

俄藏15＝俄藏敦煌文獻15，上海：上海古籍出版社、俄羅斯科學出版社東方文學部，2000年。

俄藏16＝俄藏敦煌文獻16，上海：上海古籍出版社、俄羅斯科學出版社東方文學部，2001年。

俄藏17＝俄藏敦煌文獻17，上海：上海古籍出版社、俄羅斯科學出版社東方文學部，2001年。

法書大觀11＝中國歷史博物館藏法書大觀11晉唐寫經晉唐文書，東京、上海：東京柳原書店與上海教育出版社，1999年。

凡人1981. 晉人寫經，書法叢刊2，北京：文物出版社。

范舒2012. 吐魯番本玄應一切經音義研究，浙江大學碩士學位論文。

范舒2014. 吐魯番本玄應一切經音義研究，敦煌研究2014-6，106-115頁。

訪古録 = 王樹枏新疆訪古録，上海：聚珍仿宋印書局，1918年。
方韜 2014. 吐魯番殘卷左傳服虔注研究，石家莊學院學報 2014-1，5-8頁。
馮培紅、白雪 2011. 略論敦煌吐魯番出土的東晉南朝文獻，東南文化 2011-2，87-91頁。
岡井慎吾 1937. 重松教授將來の切韻及び玉篇の寫真につきて，斯文 19-9，33-43頁。
高昌殘影 = 藤枝晃編高昌殘影出口常順藏トゥルファン出土佛典斷片圖録，京都：法藏館，1978年。
高田時雄 1985. ウイグル字音考，東方學 70，134-150頁。
高田時雄 1989. 敦煌本玉篇補遺，京都大學教養部人文 35，162-172頁。
高田時雄 1990. ウイグル字音史大概，東方學報 65，329-343頁。
高田時雄 1996. 回鶻字音補正（提要），蘭州：中國敦煌吐魯番學術討論會論文。
高田時雄 2005. 敦煌 民族 語言，鍾翀等譯，北京：中華書局。
高田時雄 2007. 李滂と白堅——李盛鐸舊藏敦煌寫本日本流入の背景，敦煌寫本研究年報創刊號，1-26頁。
高田真治 1939. 支那思想の研究，東京：春秋社。
部同麟 2016. 敦煌吐魯番道經殘卷拾遺，敦煌學輯刊 2016-1，34-50頁。
宮下三郎 1992. 敦煌の本草醫書，池田温編敦煌漢文文獻（講座敦煌V），東京，489-506頁。
古寫本展 = トゥルファン古寫本展，東京：朝日新聞社，1991年。
顧頡剛、顧廷龍 1996. 尚書文字合編，上海：上海古籍出版社。

關尾史郎 1990a. 覺書：上海圖書館所藏妙法蓮華經題記の紀年について，吐魯番出土文物研究會會報 38，6頁。
關尾史郎 1990b. 高昌文書にみえる官印について——吐魯番出土文書札記（九），吐魯番出土文物研究會會報 40，1-4；41，5-8頁。
關尾史郎 1991. トゥルファン古寫本展參觀記——高昌延壽四年（627）九月仁王般若經題記のこと，吐魯番出土文物研究會會報 56，6頁。
關尾史郎 1998. 承陽備忘——吐魯番出土文書札記再補，東洋史苑 50・51，253-265頁。
關尾史郎 2001. ロシア、サンクト＝ペテルブルゲ所藏敦煌文獻中のトゥルファン文獻について，敦煌文獻の綜合的學際的研究（平成12年度新潟大學プロジェクト研究成果報告），40-49頁。
關尾史郎 2002. サンクト＝ペテルブルゲ藏，Дх2683v＋Дх11074v初探——トゥルファン盆地の水利に關する一資料，中國水利史研究 30，14-26頁。
關尾史郎 2003. サンクト＝ペテルブルゲ藏戶籍樣文書簡介，法史學研究會會報 8，74-80頁。
關尾史郎 2004. トゥルファン將來「五胡」時代契約文書簡介，西北出土文獻研究 1，71-90頁。
關尾史郎 2005a. トゥルファン將來「五胡」時代契約文書簡介補訂，西北出土文獻研究 2，67-72頁。
關尾史郎 2005b. 「北凉年次未詳（5世紀中頃）貲簿殘卷」の基礎的考察（上），西北出土文獻研究 2，42-56頁。
關尾史郎 2006. 從吐魯番帶出的「五胡」時期戶籍殘卷兩件——柏林收藏的Ch 6001v與聖彼德堡收藏的

Дх. 08519v，新疆吐魯番地區文物局編吐魯番學研究：第二届吐魯番學國際學術研討會論文集，上海：上海辭書出版社，180-190頁。
郭殿忱 2008. 潘岳西征賦吐魯番殘卷考釋，黄河科技大學學報 2008-3，29-31 頁。
郭敏 2015. 吐魯番出土唐儀鳳年間北館文書研究，中國人民大學國學院碩士論文。
國家圖書館藏敦煌遺書 105，中國國家圖書館編，北京：北京圖書館出版社，2008 年。
何亦凡、朱月仁 2017. 武周大足元年西州高昌縣籍拾遺復原研究，文史 2017-4，197-214 頁。
黑田源次 1935. 普魯西學士院所藏中央亞細亞出土醫方書四種，支那學 7-4，633-665 頁。
胡鴻 2011. 柏林舊藏吐魯番出土「不知名類書」殘卷的初步研究，敦煌吐魯番研究 12，上海：上海古籍出版社，441-449 頁。
華瀾 2004. 簡論中國古代曆日中的廿八宿注曆——以敦煌具注曆日爲中心，敦煌吐魯番研究 7，北京：中華書局，410-421 頁，圖 337 頁。
荒川正晴 1989. 唐河西以西の傳馬坊と長行坊，東洋學報 70-3、4，35-69 頁。
荒川正晴 1990a. 西域出土文書に見える函馬について(下)，吐魯番出土文物研究會會報 41，1-5 頁。
荒川正晴 1990b. スタイン將來「蒲昌群文書」の檢討——Ast. III. 3. 07, 08, 037 號文書の分析を中心にして，西北史地 1990-2，23-44 頁。
荒川正晴 1995. 北庭都護府の輪台縣と長行坊——アスタナ506號墓出土長行坊關係文書の檢討を中心として，小田義久博士還曆記念東洋史論集，京都：龍谷大學東洋史學研究會，93-126 頁。

荒川正晴 2000. ヤールホト古墓群新出の墓表墓誌をめぐって，中國新疆トゥルファン交河故城城南區墓地の調査研究（シルクロード學研究 10），160-170 頁。
荒川正晴 2010. ユーラシアの交通交易と唐帝國，名古屋：名古屋大學出版會。
荒川正晴 2013. 唐代中央アジアにおける帖式文書の性格をめぐって，土肥義和編敦煌吐魯番出土漢文文書の新研究（修訂版），東京：東洋文庫，271-293 頁。
黄樓 2015. 吐魯番出土文書所見唐代宦官諸使，魏晉南北朝隋唐史資料 32，203-219 頁。
黄樓 2020. 唐代西州鸜鵒鎮烽鋪文書研究，吐魯番出土官府帳簿文書研究，北京：社會科學文獻出版社，146-176 頁。
吉田豊 1989. ソグド語の人名を再構する，三省堂ぶっくれっと78，66-71 頁。
吉田章人 2017. 東洋文庫におけるIOM RAS 所藏非佛教漢語文書の整理と考察，土肥義和、氣賀澤保規編敦煌・吐魯番文書の世界とその時代，東京：汲古書院，445-473 頁。
季愛民 2007. 唐代西州僧尼的社會生活，西域研究 2007-4，63-73 頁。
暨遠志 2003. 北涼石塔所反映的佛教史問題，顔廷亮、王亨通主編炳靈寺石窟學術研討會論文集，蘭州：甘肅人民出版社，275-290 頁。
姜伯勤 1979. 敦煌文書中的唐五代「行人」，中國史研究 1979-2，17-21 頁。
姜伯勤 1980. 沙皇俄國對敦煌及新疆文書的劫奪，中山大學學報 1980-3，33-44 頁。
姜伯勤 1982. 唐西州寺院家人奴婢的放良，中國古代史論叢 3，福州：福建人民出版社，286-303 頁。

姜亮夫 1955. 瀛涯敦煌韻輯，上海。
蔣天樞 1981. 三國志吴書虞翻張温傳校記，紀念陳垣誕辰百周年史學論文集，北京：北京師範大學出版社，1981 年，150-154 頁。
蔣天樞 1985. 論學雜著，鄭州：中州古籍出版社，1985 年。
金少華 2008. 敦煌吐魯番本文選研究，浙江大學碩士學位論文。
金少華 2017. 敦煌吐魯番本文選輯校，杭州：浙江大學出版社。
金祖同 1939a. 唐代西域官文書佚存，説文月刊 1 卷 5、6 期合刊，753-757 頁。
金祖同 1939b. 唐西域官文書續輯，説文月刊 1 卷 12 期，759-762 頁。
金祖同 1940. 流沙遺珍，秀水金氏 1940 年影印本，此據敦煌叢刊初集 5，臺北：新文豐出版公司，1985 年影印。
京都國立博物館 2009. シルクロード文字を辿って——ロシア探檢隊收集の文物，京都：京都國立博物館。
菊池英夫 1961. 西域出土文書中の唐代軍制史料管見，史學雜誌 70-12，85-86 頁。
菊池英夫 1962. 節度使制確立以前における「軍」制度の展開（續編），東洋學報 45-1，33-68 頁。
孔祥星 1981. 唐代新疆地區的交通組織長行坊——新疆出土唐代文書研究，中國歷史博物館館刊 3，29-38、66 頁。
堀敏一 1963. 唐代租田文書私見，岩井博士古稀記念事業會編岩井博士古稀記念典籍論集，617-628 頁。

堀敏一 1975. 均田制の研究，東京：岩波書店。

堀敏一 1984. 均田制的研究，韓國磐等譯，福州：福建人民出版社。

堀敏一 1986. 唐户令鄉里坊村鄰保關係條文の復元をめぐって，中村治兵衛先生古稀記念東洋史論叢，東京：刀水書房，449-467頁。

堀敏一 1996. 中國古代の家と集落，東京：汲古書院。

雷聞 2007a. 關文與唐代地方政府内部的行政運作——以新獲吐魯番文書爲中心，中華文史論叢 2007-4，123-154頁。

雷聞 2007b. 國家宫觀網絡中的西州道教——唐代西州道教補説，西域文史 2，北京：科學出版社，117-128頁。

雷聞 2011. 吐魯番出土唐開元十六年西州都督府請紙案卷與唐代的公文用紙，樊錦詩、榮新江、林世田主編敦煌文獻 考古 藝術綜合研究：紀念向達先生誕辰 110 週年國際學術研討會論文集，北京：中華書局，423-444頁。

李灿 2015. 賢劫經最新資料與相關研究——犍陀羅語与梵語部分，文獻 2015-4，140-149頁。

李德範 2007. 敦煌西域文獻舊照片合校，北京：北京圖書館出版社。

李德範 2008. 王重民向達所攝敦煌西域文獻照片合集 30，北京：北京圖書館出版社。

李方 1996. 唐西州長官編年考證——西州官吏考證（一），敦煌吐魯番研究 1，北京：北京大學出版社，271-296頁。

李方 2002a. 唐西州行政體制考論，哈爾濱：黑龍江教育出版社。

李方 2002b. 唐西州軍政官吏的本地升遷，敦煌吐魯番研究 6，北京：北京大學出版社，253-282 頁。

李方 2008. 唐西州官僚政治制度研究，哈爾濱：黑龍江教育出版社。

李方 2011. 唐西州官吏編年考證，北京：中國人民大學出版社。

李方 2013. 中古時期西域水渠研究（二），敦煌吐魯番研究 13，上海：上海古籍出版社，241-262 頁。

李錦繡 1995. 唐代財政史稿上卷，上中下三册，北京：北京大學出版社。

李錦繡 2004. 唐開元中北庭長行坊文書考釋（上），吐魯番學研究 2004-2，13-32 頁。

李梅 2003. 敦煌吐魯番寫本文選研究——從語言文獻學的角度考察，浙江大學碩士學位論文。

李勤璞 1998. 耆婆五藏論研究——印中醫學關係的一個考察，文史 45，85-94 頁。

李艷玲 2014a. 公元 5 世紀至 7 世紀前期吐魯番盆地農業生産探析，西域研究 2014-4，73-88 頁。

李艷玲 2014b. 田作畜牧——公元前 2 世紀至公元 7 世紀前期西域綠洲農業研究，蘭州：蘭州大學出版社。

李應存、李金田、史正剛 2008. 俄羅斯藏敦煌醫藥文獻釋要，蘭州：甘肅科學技術出版社。

李昀 2014. 吐魯番本文選李善注七命的再發現，西域文史 9，北京：科學出版社，135-154 頁。

李昀 2016. 旅順博物館藏金剛經注疏小考——附李善注文選七命補遺，王振芬主編旅順博物館學苑，長春：吉林文史出版社，88-111 頁。

遼寧省檔案館 1982. 唐代檔案，歷史檔案 1982-4，2-5 頁。

林珊 2009. 德藏吐魯番文獻中的宋詩習字殘片，文獻 2009-4，26-34 頁。

林世田、劉波 2009. 國家珍貴古籍展：跨越千年的對話，中華讀書報 2009 年 6 月 24 日。

林悟殊 1998. 敦煌摩尼教下部讚經名考釋，敦煌吐魯番研究 3，北京：北京大學出版社，45-51 頁。

林悟殊 2005. 中古三夷教辨證，北京：中華書局。

林曉潔 2009. 德藏吐魯番出土宋版新唐書殘片小考，文獻 2009-4，35-46 頁。

凌文超 2009. 普林斯頓大學葛斯德圖書館藏兩件天山縣鸜鵒倉牒考釋，吐魯番學研究 2009-2，79-88 頁。

劉安志 2002. 跋吐魯番鄯善縣所出唐開元五年（717）後西州獻之牒稿爲被懸點入軍事，魏晉南北朝隋唐史資料 19，210-225 頁。

劉安志 2003. 敦煌吐魯番文書所見唐代「都司」考，魏晉南北朝隋唐史資料 20，199-213 頁。

劉安志 2005. 唐代府兵簡點及相關問題研究——以敦煌吐魯番文書爲中心，魏晉南北朝隋唐史資料 22，122-138 頁。

劉安志 2006. 跋吐魯番新出唐顯慶元年（656）西州宋武歡移文，魏晉南北朝隋唐史資料 23，198-208 頁。

劉安志 2010. 德藏吐魯番所出大唐西域記殘卷跋，百年敦煌文獻整理研究國際學術討論會論文集上，杭州，4 月 9 日-13 日，420-421 頁。

劉安志 2011. 敦煌吐魯番文書與唐代西域史研究，北京：商務印書館。

劉安志 2014. 新資料與中古文史論稿，上海：上海古籍出版社。

劉波 2011. 普林斯頓大學藏吐魯番文書唐寫本經義策殘卷之整理與研究，文獻 2011-3，10-28 頁。

劉復等 1937. 十韻彙編，北京。

劉景雲 2009. 西涼劉昞注黄石公三略的發現，敦煌研究 2009-2，82-87 頁；
劉俊文 1989. 敦煌吐魯番唐代法制文書考釋，北京：中華書局。
劉雁翔 2008. 馮國瑞敦煌寫經及吐魯番文書題跋叙録，敦煌學輯刊 2008-3，54-64 頁。
劉屹 2000. 唐前期道教與周邊國家、地區的關係，'98 法門寺唐文化國際學術討論會論文集，西安：陝西人民出版社，780-789 頁。
劉屹 2004. 敦煌本昇玄經經籙傳授儀式研究，敦煌學 25，466-467 頁。
劉屹 2011. 天尊的降格與道教的轉型——以德藏吐魯番道教文獻 Ch. 349、Ch. 1002 爲例，吐魯番學研究 2011-1，77-88 頁。
劉屹 2013. 德藏吐魯番雙語文書殘片 Ch/So 10334（T I α）v 的道教内容考釋，渡邊義浩編第四回日中學者中國古代史論壇論文集 中國新出資料學の展開，東京：汲古書院，257-264 頁。
劉屹 2015. 漢唐道教的歷史與文獻研究——劉屹自選集，臺北：博揚文化事業公司。
劉子凡 2016a. 瀚海天山：唐代伊西庭三州軍政體制研究，上海：中西書局。
劉子凡 2016b. 杏雨書屋藏唐蒲昌府文書研究，榮新江主編唐研究 22，北京：北京大學出版社，203-219 頁。
柳洪亮 1995. 吐魯番出土文書中「建平」「承平」紀年索隱——北涼且渠無諱退據敦煌、高昌有關史實，西域研究 1995-1，44-50 頁。
柳洪亮 1997. 新出吐魯番文書及其研究，烏魯木齊：新疆人民出版社。

羅福萇 1923. 古寫經尾題録存，永豐鄉人雜著續編，上虞羅氏自印本；此據羅雪堂先生全集初編第三册，臺北：文華出版公司，1968年，1221-1270頁。

羅福頤 1952. 西陲古方技書殘卷彙編，影寫本，五卷。

羅國威 2006a. 俄藏Dx1551文選七命殘卷考，程章燦編中國古代文學文獻學國際學術研討會論文集，南京：鳳凰出版社，231-233頁。

羅國威 2006b. 吐魯番本文選七命殘卷考，張伯偉編域外漢籍研究集刊第2輯，北京，中華書局。

羅振玉 1933. 增訂高昌麴氏年表，遼居雜著乙編。

羅振玉 1939. 貞松堂藏西陲秘笈叢殘，上虞羅氏自印本；此據黄永武主編敦煌叢刊初集七敦煌石室遺書百廿種，1985年，臺北：新文豐出版公司。

馬繼興 1988. 敦煌古醫籍考釋，南昌：江西科學技術出版社。

馬繼興 2002. 當前世界各地收藏的中國出土卷子本古醫藥文獻備考，敦煌吐魯番研究6，北京：北京大學出版社，129-182頁。

馬繼興 2005. 出土亡佚古醫籍研究，北京：中醫古籍出版社。

馬繼興 2015. 中國出土古醫書考釋與研究上、中卷，上海：上海科學技術出版社。

馬小鶴 2013. 回鶻語廿七宿與十二宫圖表——吐魯番文書T II Y 29（部分）與U494譯釋，敦煌吐魯番研究13，上海：上海古籍出版社，321-339頁。

毛秋瑾 2008. 北涼沮渠氏與佛教寫經——兼談公元5世紀中期南北書風的差異及「北涼體」，中國書畫

2008-11，63-65頁。
毛秋瑾 2010. 唐開元十六年（728）西州都督府請紙案卷研究，孫曉雲、薛龍春編請循其本：古代書法創作研究國際學術討論會論文集，南京：南京大學出版社，201-212頁。
毛秋瑾 2014. 墨香佛音——敦煌寫經書法研究，北京：北京大學出版社。
梅村坦 2002. ペテルブルグ所藏ウイグル文書 SI 4bKr. 71の一解釋——人身賣買および銀借用にかかわる文書，内陸アジア言語の研究 XVII，203-221頁+圖版 III-IV。
孟列夫 1999a. 孟列夫主編俄羅斯科學院東方研究所聖彼德堡分所敦煌漢文寫卷叙録上，上海：上海古籍出版社。
孟列夫 1999b. 孟列夫主編俄羅斯科學院東方研究所聖彼德堡分所敦煌漢文寫卷叙録下，上海：上海古籍出版社。
孟憲實 2009. 論唐朝的佛教管理——以僧籍的編造爲中心，北京大學學報 2009-3，136-143頁。
孟憲實 2016a. 名岸戰役より西州府兵を覗く，荒川正晴、柴田幹夫編シルクロードと近代日本の邂逅——西域古代資料と日本近代佛教，東京：勉誠出版，48-70頁。
孟憲實 2016b. 唐朝與中亞的絹馬貿易，榮新江主編唐研究 22，北京：北京大學出版社，283-298頁。
孟憲實 2016c. 論唐代府兵制下的馱馬之制，敦煌吐魯番研究 16，上海：上海古籍出版社，155-179頁。
孟憲實、姚崇新 1996. 從「義和政變」到「延壽改制」，敦煌吐魯番研究 2，北京：北京大學出版社，163-188頁。

那波利貞 1957. 唐鈔本唐格の一斷片，神田博士還曆記念書誌學論集，東京：平凡社，330-331 頁。
内藤虎次郎 1931. 晉人寫三國志殘卷跋，武居綾藏古本三國志；此據内藤湖南全集 14，東京：築摩書房，1969 年，129-130 頁。
内藤乾吉 1960. 西域發見唐代官文書の研究，西域文化研究第三敦煌吐魯番社會經濟資料下，京都：法藏館，9-111 頁。
内藤乾吉 1963. 中國法制史考證，東京：有斐閣。
潘吉星 1979. 中國造紙技術史稿，北京：文物出版社。
裴成國 2007. 吐魯番新出北涼計貲計口出絲帳研究，中華文史論叢 2007-4，65-103 頁。
裴成國 2019. 俄藏闞氏高昌時期發願文新探，王振芬、榮新江主編絲綢之路與新疆出土文獻，北京：中華書局，542-551 頁。
彭傑 2015. 旅順博物館藏兩件高昌王麴乾固供養寫經殘片探析，敦煌研究 2015-3，67-73 頁。
片山章雄 1992. 吐魯番敦煌發見の三國志寫本殘卷，東海史學 26，33-42 頁。
片山章雄 2000. 吐魯番敦煌發現的三國志寫本殘卷，季忠平譯，文教資料 2000-3，137-149，157 頁。
片山章雄 2012. 杏雨書屋敦煌秘笈中の物價文書と龍谷大學圖書館大谷文書中の物價文書，内陸アジア史研究 27，77-84 頁。
秦丙坤 2004. 吐魯番寫本文選殘卷及其價值，圖書與情報 2004-6，55-57 頁。
秦丙坤 2009. 德藏吐魯番本文選校議商兑補校，圖書館雜誌 2009-9，71-74 頁。

秦丙坤 2010. 德藏吐魯番本文選校議摭遺校補，敦煌研究 2010-3，119-124 頁。
秦樺林 2011. 德藏吐魯番文獻龍龕手鑑禾部殘頁小考，文獻 2011-3，29-36 頁。
秦樺林 2013a. 敦煌吐魯番黑水城出土史籍刻本殘葉考，敦煌研究 2013-2，57-63 頁。
秦樺林 2013b. 吐魯番文獻 TID1015 號刻本韻書殘頁小考，語言研究 2013-2，33-38 頁。
秦明智 1987. 新疆出土的晉人寫本潘岳書札殘卷考述，敦煌學輯刊 1987-2，53-61 頁。
丘古耶夫斯基 2000. 敦煌漢文文書，上海：上海古籍出版社。
饒宗頤 1992. 柏林印度藝術博物館藏經卷小記，九州學刊 4-4，161-162 頁。
饒宗頤 2000. 敦煌吐魯番本文選，北京：中華書局。
仁井田陞 1936. 吐魯番出土の唐代法律史料數種，史學雜誌 47-10，79-102 頁。
仁井田陞 1937. 唐宋法律文書の研究，東方文化學院東京研究所。
仁井田陞 1960. 吐魯番出土の唐代取引法關係文書，西域文化研究第三敦煌吐魯番社會經濟資料下，京都：法藏館，187-224 頁。
仁井田陞 1962. 中國法制史研究：奴隸農奴法 家族村落法，東京：東京大學出版會。
日比野丈夫 1959. 三國志吳志殘卷，書道全集 3，東京：平凡社，191 頁。
榮新江 1985. 遼寧省檔案館所藏唐蒲昌府文書，中國敦煌吐魯番學會研究通訊 1985-4，29-35 頁。
榮新江 1995. 唐開元二十九年西州天山縣南平鄉籍殘卷研究，西域研究 1995-1，33-43 頁。
榮新江 1996a. 海外敦煌吐魯番文獻知見録，南昌：江西人民出版社。

榮新江 1996b. 柏林印度藝術博物館藏吐魯番漢文佛典札記，華學 2，廣州：中山大學出版社，314-317 頁。

榮新江 1996c. 吐魯番出土武周康居士寫經功德記碑校考——兼談胡人對武周政權之態度，民大史學 1，北京：中央民族大學出版社，6-18 頁。

榮新江 1997a. 王延德所見高昌回鶻大藏經及其他，慶祝鄧廣銘教授九十華誕論文集，石家莊：河北教育出版社，267-272 頁。

榮新江 1997b. 柏林通訊，學術集林卷十，上海：上海遠東出版社，380-397 頁。

榮新江 1997c. 書評：A. Cadonna（ed.），*Cina e Iran. Da Alessandro Magno alla Dinastia Tang*，唐研究 3，北京：北京大學出版社，538-543 頁。

榮新江 1997d. 五代洛陽民間印刷業一瞥，文物天地 1997-5，12-13 頁。

榮新江 1998a. 唐開元二十三年西州高昌縣順義鄉籍殘卷跋，中國古代社會研究——慶祝韓國磐先生八十華誕紀念論文集，厦門大學出版社，140-146 頁。

榮新江 1998b. 德國吐魯番收集品中的漢文典籍與文書，饒宗頤編華學 3，北京紫禁城出版社，309-325 頁。

榮新江 1999a. 唐代西州的道教，敦煌吐魯番研究 4，北京：北京大學出版社，127-144 頁。

榮新江 1999b. 德藏吐魯番出土春秋後語殘卷考釋，北京圖書館館刊 1999-2，71-73 頁 + 附圖。

榮新江 2000. 摩尼教在高昌的初傳，劉東主編中國學術 1，158-171 頁。

榮新江 2001. 書評中國歷史博物館藏法書大觀 11 晉唐寫經晉唐文書 12 戰國秦漢唐宋元墨蹟，敦煌吐魯番研究 5，北京：北京大學出版社，332-337 頁。

榮新江 2003. 唐代禪宗的西域流傳，田中良昭博士古稀記念論集：禪學研究の諸相，東京：大東出版社，59-68 頁。

榮新江 2004a. 史記與漢書——吐魯番出土文獻札記之一，新疆師範大學學報 2004-1，41-43 頁。

榮新江 2004b. 評上海圖書館藏敦煌吐魯番文獻，上海圖書館歷史文獻研究所編歷史文獻 7，上海：上海古籍出版社，322-329 頁。

榮新江 2005. 中國國家圖書館善本部藏德國吐魯番文獻舊照片的學術價值，國家圖書館善本特藏部敦煌吐魯番學資料研究中心編敦煌學國際研討會論文集，北京：北京圖書館出版社，267-276 頁 + 圖 1-3。

榮新江 2007a. 新出吐魯番文書所見的粟特人，吐魯番學研究 2007-1 期，28-35 頁。

榮新江 2007b. 吐魯番新出前秦建元二十年籍研究，中華文史論叢 2007-4，1-30 頁。

榮新江 2008. 再談德藏吐魯番出土漢文典籍與文書，華學第 9、10 輯（三），上海：上海古籍出版社，2008 年 8 月，854-877 頁。

榮新江 2009. 唐寫本唐律唐禮及其他（增訂本），文獻 2009-4，3-10 頁 + 封 2 圖版。

榮新江 2013a. 黄文弼所獲西域文獻論集，北京：科學出版社。

榮新江 2013b. 俄羅斯的敦煌學：評敦煌學：第二個百年的研究視角與問題及其他，敦煌吐魯番研究 13，上海：上海古籍出版社，563-578 頁。

榮新江 2016a. 中國散藏吐魯番文獻知見録，本書編委會編敦煌吐魯番文書與中古史研究：朱雷先生八秩榮誕祝壽集，上海：上海古籍出版社，26-39 頁。

榮新江 2016b. 日本散藏吐魯番文獻知見録，浙江大學學報 2016-4，18-26 頁。
榮新江 2018a. 黄文弼先生與甘藏吐魯番文獻，朱玉麒主編西域文史 12，51-58 頁。
榮新江 2018b. 歐美所藏吐魯番文獻新知見，敦煌學輯刊 2018-2，30-36 頁。
三木榮 1964. 西域出土醫藥關係文獻總合解説目録，東洋學報 47，139-164 頁。
森安孝夫 2000. 歐洲所在中央アジア出土文書遺品の調査と研究，東方學 99，122-134 頁。
森安孝夫 2015. 東西ウイグルと中央ユーラシア，名古屋：名古屋大學出版會。
沙知、吴芳思 2005. 斯坦因第三次中亞考古所獲漢文文獻（非佛經部分），上海：上海辭書出版社。
山本達郎 1965. 敦煌發見オルデンブルグ將來田制關係文書五種，石田博士頌壽記念東洋史論叢，東京，519-534 頁。
山田俊 1999. 唐初道教思想史研究——太玄真一本際經の成立と思想，京都：平樂寺書店。
山田俊 2001. 昇玄經の巻次と内教に就いて，熊本縣立大學文學部紀要 8-1，37-46 頁。
上博 = 上海古籍出版社、上海博物館合編上海博物館藏敦煌吐魯番文獻，上、下，上海：上海古籍出版社，1993 年。
上海圖書館藏敦煌遺書目録，吴織、胡群耘編，敦煌研究 1986-2，93-107 頁；1986-3，89-101 頁。
上圖 = 上海圖書館藏敦煌吐魯番文獻，上海：上海古籍出版社，1999 年。
上山大峻 1997. 敦煌寫本本草集注序録 比丘含注戒本（上山大峻責任編輯），京都：法藏館。
上田正 1973. 切韻殘巻諸本補正，東洋學文獻センター叢刊 19，31-32 頁。

上野アキ1964. トゥルファン出土彩畫紙片について，美術研究 230，27-36 頁。

神田喜一郎 1962. 中國書道史上より見たる大谷探檢隊の將來品について，西域文化研究第五，京都：法藏館，241-253 頁。

施萍婷 1990. 敦煌研究院、上海圖書館及び天津藝術博物館所藏の敦煌遺書をめぐって，池田温譯，東洋學報 72-1、2，87-106 頁。

施萍婷 1996. 俄藏敦煌文獻經眼録之一，敦煌研究 1996-2，51-83 頁。

石立善 2011. 吐魯番出土儒家經籍殘卷考異，敦煌寫本研究年報 5，109-114 頁。

石立善 2013. 德國柏林舊藏吐魯番出土唐寫本毛詩正義殘葉考，詩經研究叢刊 2013-2，63-84 頁。

史睿 2007. 新發現的敦煌吐魯番唐律、唐格殘片研究，出土文獻研究 8，上海：上海古籍出版社，213-219 頁。

史睿 2012. 再論銓選中的功狀，中國古代法律文獻研究 6，北京：社會科學文獻出版社，238-250 頁。

石塚晴通 1992. 玄應一切經音義的西域寫本，敦煌研究 1992-2，54-61 頁。

釋録 2 = 唐耕耦等編敦煌社會經濟文獻真跡釋録 2 輯，北京：全國圖書館縮微複製中心，1990 年。

書苑 = 書苑第六卷第七號、第六卷第九號、第七卷第二號寫經專號，東京：三省堂，1942-1943 年。

速水大 2011. 杏雨書屋所藏敦煌秘笈中の羽 620－2 文書について，土肥義和編內陸アジア出土 4～12 世紀の漢語－胡語文獻の整理と研究科研費報告書，東京：東洋文庫，32-35 頁。

束錫红、府憲展 2006. 德藏吐魯番本文選校議，西域研究 2006-3，56-62 頁。

孫繼民 1990. 跋唐垂拱四年(688)隊佐張玄泰牒爲通當隊隊陪事,敦煌吐魯番文書初探二編,武漢:武漢大學出版社。
孫繼民 2001. 羅振玉舊藏文書考之一,吐魯番學研究 2001-1,15-20頁。
孫繼民 2002a. 羅振玉舊藏文書考之二,吐魯番學研究 2002-1,12-15頁。
孫繼民 2002b. 唐代瀚海軍文書研究,蘭州:甘肅文化出版社。
孫麗萍 2014. 德藏文書唐西州高昌縣典周達帖札記,西域研究 2014-4,101-104頁。
孫曉林 1991. 關於唐前期西州設「館」的考察,魏晉南北朝隋唐史資料 11,武漢:武漢大學出版社,251-262頁。
唐長孺 1978. 從吐魯番出土文書中所見的高昌郡縣行政制度,文物 1978-6,15-21頁。
唐長孺 1982. 吐魯番文書中所見的高昌郡軍事制度,社會科學戰線 1982-3,154-163頁。
唐長孺 1983a. 唐西州諸鄉户口帳試釋,唐長孺編敦煌吐魯番文書初探,武漢:武漢大學出版社,126-216頁。
唐長孺 1983b. 南北朝期間西域與南朝的陸道交通,魏晉南北朝史論拾遺,北京:中華書局,189-193頁。
唐長孺 1983c. 唐西州差兵文書跋,敦煌吐魯番文書初探,武漢:武漢大學出版社,439-454頁。
唐長孺 1989. 山居存稿,北京:中華書局。
唐長孺 1990. 吐魯番文書中所見的西州府兵,敦煌吐魯番文書初探二編,武漢:武漢大學出版社,29-103頁。
唐長孺 2011a. 唐長孺文集山居存稿,北京:中華書局。
唐長孺 2011b. 唐長孺文集山居存稿三編,北京:中華書局。

藤井律之 2009.西陲發現淮南子時則訓小考,敦煌寫本研究年報 3,133-145頁。
藤井律之 2011.Дx17449夾注本黄石公三略小考,敦煌寫本研究年報 5,115-127頁。
藤枝晃 1948.「長行馬」文書,東洋史研究 10-3,72-77頁。
藤枝晃 1956.長行馬,墨美 60,2-34頁。
藤枝晃 1959.敦煌の僧尼籍,東方學報 29,285-338頁。
藤枝晃 2005.(主編)トルファン出土仏典の研究:高昌殘影釋録,京都:法藏館。
町田隆吉 1982.吐魯番出土「北涼貲簿」をあぐつて,東洋史論 3,38-43頁。
土肥義和 1969.唐令よりみたる現存唐代户籍の基礎的研究(上),東洋學報 52-1,90-125頁,47-98頁。
吐魯番總目(歐美)=榮新江主編吐魯番文書總目(歐美收藏卷),武漢:武漢大學出版社,2007年。
吐魯番總目(日本)=陳國燦、劉安志主編吐魯番文書總目(日本收藏卷),武漢:武漢大學出版社,2005年。
丸山裕美子 1999.静岡縣磯部武男氏所藏敦煌吐魯番資料管見,唐代史研究 2,16-26頁。
丸山裕美子 2017.磯部武男氏所藏朋友書儀斷簡について(再論)——敦煌祕笈及び中村不折舊藏吐魯番寫本朋友書儀との關係をめぐって,土肥義和主編敦煌吐魯番文書の世界とその時代,東京:東洋文庫,399-411,492頁。
萬斯年 1947a.(譯)唐鈔本韻書及印本切韻之斷片,唐代文獻叢考,上海:開明書店,51-72頁。
萬斯年 1947b.(譯)中央亞細亞出土醫書四種,唐代文獻叢考,上海:開明書店,73-105頁。
萬毅 1995.敦煌本昇玄内教經試探,榮新江主編唐研究 5,北京:北京大學出版社,67-86頁。

王炳華 2002. 阿拉溝古堡及其出土唐文書殘紙，榮新江主編唐研究 8，北京：北京大學出版社，323-346 頁。

王炳華 2008. 西域考古歷史論集，北京：中國人民大學出版社。

王炳華 2014. 「天山峽谷古道」芻議，榮新江主編唐研究 20，北京：北京大學出版社，11-32 頁。

王丁 2007. 柏林吐魯番特藏中的一件出自交河的漢文摩尼教文書，高田時雄主編唐代宗教文化與制度，京都：京都大學人文科學研究所，41-66 頁。

王丁 2015. 佛教東傳早期的佛名經——北涼神璽三年寶賢寫千佛名號與漢譯賢劫經，敦煌學輯刊 2015-4，31-37 頁。

王卡 1983. 老子道德經序訣考，世界宗教研究 1983-3，115-122 頁。

王卡 2004. 敦煌道教文獻研究：綜述 目録 索引，北京：中國社會科學出版社。

王克孝 1996. 評丘古耶夫斯基對敦煌所出某些籍帳文書的考釋，北京圖書館敦煌吐魯番學資料中心等編敦煌吐魯番學研究論集，北京：書目文獻出版社，225-243 頁。

王璞 2009. 普林斯頓大學葛斯德圖書館藏高昌郡時代缺名衣物疏考，吐魯番學研究 2009-2，63-70 頁。

王三慶 2012. 中村不折舊藏禹域墨書集成「月儀書」研究，慶賀饒宗頤先生九十五華誕敦煌學國際學術研討會論文集，北京：中華書局，660-665 頁。

王三慶 2013. 再論中村不折舊藏禹域墨書集成月令卷之整理校勘及唐本「月儀書」之比較研究，成大中文學報 40，33-76 頁。

王淑民、龐莎莎 1995. 敦煌吐魯番出土古本五臟論的考察，中華醫史雜誌 1995-1，46-51 頁。

王樹枏 1913. 新疆稽古録，中國學報 9，金石專欄。

王樹枏 1965. 新疆圖志，臺北：文海出版社影印本。

王素 1996a. 吐魯番出土北涼貲簿補説，文物 1996-7，75-77 頁。

王素 1996b. 吐魯番出土寫經題記所見甘露年號補説，敦煌吐魯番學研究論集，北京：書目文獻出版社，244-252 頁。

王素 1997. 吐魯番出土高昌文獻編年，臺北：新文豐出版公司。

王素 1998. 高昌至西州時期的彌勒信仰，中國佛學 1-1（創刊號），311-318 頁。

王素 2003. 略談香港新見吐魯番契券的意義——高昌史稿統治編續論之一，文物 2003-10，73-74 頁。

王素 2005. 略談選堂先生對於吐魯番學的貢獻，敦煌吐魯番研究 8，北京：中華書局，13-21 頁。

王素 2009. 關於俄藏「揖王入高昌城事」文書的幾個問題，吐魯番學研究 2009-2，19-26 頁。

王素 2011. 漢唐歷史與出土文獻，北京：故宫出版社。

王素 2012. 關於俄藏「揖王入高昌城事」Дx-2670v 文書的幾個問題，波波娃、劉屹主編敦煌學：第二個百年的研究視角與問題，St. Peterburg：Slavia，274-277。

王興伊、段逸山 2016. 新疆出土涉醫文書輯校，上海：上海科學技術出版社。

王杏林 2010. 關於俄藏敦煌文獻 Дx. 2683、Дx.11074 殘片的定名，敦煌學輯刊 2010-4，105-108 頁。

王旭送 2011. 出土文獻所見中古時期吐魯番地區的災害，吐魯番學研究 2011-1，38-49 頁。

王永興 1986. 關於唐代均田制中給田問題的探討——讀大谷欠田、退田、給田、文書札記，中國史研究 1986-1，13-28 頁。

王永興 2010. 唐代經營西北研究，蘭州：蘭州大學出版社。
王永興 2014a. 敦煌吐魯番出土唐代軍事文書考釋，蘭州：蘭州大學出版社。
王永興 2014b. 唐代土地制度研究——以敦煌吐魯番田制文書爲中心，蘭州：蘭州大學出版社。
王媛媛 2005. 新出漢文下部讚殘片與高昌回鶻的漢人摩尼教團，西域研究 2005-2，51-57 頁。
王媛媛 2012. 从波斯到中國：摩尼教在中亞和中國的傳播，北京：中華書局。
文欣 2007. 吐魯番新出唐西州徵錢文書與垂拱年間的西域形勢，敦煌吐魯番研究 10，上海：上海古籍出版社，131-163 頁。
魏建功 1948. 十韻彙編資料補並釋，國立北京大學五十周年紀念論文集，北京：北京大學出版部。
吴金華 1990. 三國志校詁，南京：江蘇古籍出版社。
吴金華 2002. 三國志（修訂本），長沙：岳麓書社。
吴麗娱、陳麗萍 2012. 中村不折舊藏吐魯番出土朋友書儀研究——兼論唐代朋友書儀的版本與類型問題，黄正建主編中國社會科學院敦煌學回顧與前瞻學術研討會論文集，上海：上海古籍出版社，163-195 頁；又刊西域研究 2012-4，87-104 頁。
吴震 1983. 吐魯番文書中的若干年號及相關問題，文物 1983-1，26-34 頁。
吴震 1995. 敦煌吐魯番寫經題記中「甘露」年號考辨，西域研究 1995-1，17-27 頁。
吴震 2001. 俄藏「揖王入高昌城事」文書所繫史事考，吐魯番學研究 2001-2，1-8 頁。
武居綾藏影印本古本三國志，昭和六年（1931）刊。

武内義雄 1935. 唐鈔本韻書と印本切韻との斷片,文化,2-17 頁。
西村元佑 1959. 唐代吐魯番における均田制の意義——大谷探檢隊將來欠田文書を中心として,西域文化研究第二敦煌吐魯番社會經濟資料上,京都: 法藏館,295-353 頁。
西村元佑 1960. 唐代敦煌差科簿の研究——大谷探檢隊將來敦煌吐魯番古文書を參考史料として,西域文化研究第三敦煌吐魯番社會經濟資料下,京都: 法藏館,375-464 頁。
西村元佑 1980. 高昌國および唐代西州の諸契約文書たみえる鄉名記載とその消長の意義について,唐代史研究會編中國聚落史の研究: 周邊諸地域との比較を含めて(唐代史研究會報告第 III 集),東京: 唐代史研究會,133-149 頁。
西村元佑 1985a. 唐代均田制下授田的實際情況——以大谷探險隊攜來唐代西州高昌縣出土文書與欠田文書爲中心,姜鎮慶譯,敦煌學譯文集——敦煌吐魯番出土社會經濟文書研究,蘭州: 甘肅人民出版社,475-659 頁。
西村元佑 1985b. 通過唐代敦煌差科簿看唐代均田制時代的傜役制度——以大谷探險隊攜來的敦煌和吐魯番古文書爲參考史料,姜鎮慶譯,敦煌學譯文集——敦煌吐魯番出土社會經濟文書研究,蘭州: 甘肅人民出版社,978-1233 頁。
西脇常記 1995. ベルリン所藏トルファン文書二則,名古屋學院大學外國語學部論集 6-2,45-55 頁。
西脇常記 1997a. 關於柏林所藏吐魯番收集品中的禪籍資料,裘雲青譯,俗語言研究 4,136-138, 139 頁及附圖。

西脇常記 1997b. ベルリントルファンコレクション漢語文書研究，作者自刊本。

西脇常記 1998. ベルリントルファンコレクションの偽經新菩薩經勸善經について，京都大學總合人間學部紀要 5，17-24頁。

西脇常記 1999. ベルリントルファンコレクション道教文書，京都大學總合人間學部紀要 6，47-66頁。

西脇常記 2002. ドイツ將來のトルファン漢語文書，京都：京都大學學術出版會。

西脇常記 2009. 中國古典社會における佛教の諸相，東京：知泉書館。

西脇常記 2011a. トルファン漢語文書と大藏經，禪研究所紀要 40，19-37頁。

西脇常記 2011b. 毛詩正義寫本殘卷：消えたベルリンの一殘卷と日本に傳世する七殘卷，文化史學 67，29-64頁。

西脇常記 2016. 中國古典時代の文書の世界——トルファン文書の整理と研究，東京：知泉書館。

夏鼐 1979. 從宣化遼墓的星圖論二十八宿和黄道十二宫，考古學與科技史，北京：科學出版社，29-50頁+圖版10-13。

肖瑜 2010. 百年來敦煌吐魯番出土三國志古寫本研究編年，藝術百家 2010-3，188-195頁。

肖瑜 2011. 日本書道博物館藏三國志吴志虞翻傳 10行殘卷研究，敦煌研究 2011-2，114-119頁。

小口彦太 1974. 中國土地所有法史序説——均田制研究のための予備的作業，比較法學 9-1，67-158頁。

小口雅史 2006. トゥルファン文書から見た古代世界の東と西——隋唐以前の諸制度が周邊諸国に與えた影響をめぐって，環東アジア研究センター年報 1，新潟：新潟大學コアステーション人文社會教育科學系付置環東アジア研究センター，35-43頁。

小笠原宣秀 1960. 吐魯番出土の宗教生活文書，西域文化研究第三敦煌吐魯番社會經濟資料下，京都：法藏館，249-262頁。

小笠原宣秀 1961. 吐魯番文書に現れたる僞濫僧の問題，印度學佛教學研究 9-2，205-211頁。

小笠原宣秀、西村元佑 1960. 唐代役制關係文書考，西域文化研究第三敦煌吐魯番社會經濟資料下，京都：法藏館，131-167頁。

小笠原宣秀、西村元佑 1985. 唐代徭役制度考，那向芹譯，敦煌學譯文集——敦煌吐魯番出土社會經濟文書研究，蘭州：甘肅人民出版社，871-977頁。

小笠原宣秀、小田義久 1980. 要説西域佛教史——佛教東漸の歷史，京都：百華苑。

小田義久 1982. 唐西州における僧田と寺田について，小野勝年博士頌壽記念東方學論集，京都：朋友書店，211-232頁。

小田義久 1985. 吐魯番出土唐代官庁文書の一考察——物價文書と北館文書をめぐって，龍谷大學論集 427，108-129頁。

小田義久 1996. 大谷文書の研究，京都：法藏館。

小曽戸洋 1996. 中國醫學古典と日本——書志と傳承，東京：塙書房。

小曽戸洋、真柳誠 1993. トルファン出土の醫方書——張文仲の遺方，漢方の臨床 40-9，1218-1220頁。

寫經題記 = 許國霖敦煌石室寫經題記與敦煌雜録，上海：商務印書館，1937年。

新疆社會科學院考古研究所編新疆考古三十年，烏魯木齊：新疆人民出版社，1983年。
徐暢 2013.　德藏吐魯番出土幽通賦注寫本的性質、年代及其流傳，吐魯番學研究 2013-2，30-60頁。
徐俊 2002a.　俄藏 Dx.11414 + Dx.02947 前秦擬古詩殘本研究——兼論背面券契文書的地域和時代，敦煌吐魯番研究 6，北京：北京大學出版社，205-220頁。
徐俊 2002b.　敦煌本文選拾補，書品 2002-5，40-42頁。
徐俊 2016.　鳴沙習學集——敦煌吐魯番文學文獻叢考，北京：中華書局。
徐俊、榮新江 2002.　德藏吐魯番本晉史毛伯成詩卷校録考證，蔣寅、張伯偉主編中國詩學 7，北京：人民文學出版社，1-13頁。
徐時儀 2005.　玄應衆經音義研究，北京：中華書局。
許建平 2003.　俄藏敦煌文獻儒家經典類寫本的定名與綴合——以第 11－17 册未定名殘片爲重點，浙江大學漢語史研究中心、浙江大學古籍研究所編漢語史學報專輯總第三姜亮夫蔣禮鴻郭在貽先生紀念文集，上海：上海教育出版社，302-315頁。
許建平 2006.　敦煌經籍叙録，北京：中華書局。
許建平 2012.　吐魯番出土文獻中的尚書寫本，高臺縣委等編高臺魏晉墓與河西歷史文化研究，甘肅：蘭州教育出版社，208-217頁。
許建平 2014.　讀卷校經：出土文獻與傳世典籍的二重互證，杭州：浙江大學出版社。
許建平 2016.　吐魯番出土尚書寫本輯考，敦煌吐魯番研究 16，上海：上海古籍出版社，249-276頁。

許雲和 2006a. 德藏吐魯番本漢班固幽通賦並注校録考證，漢魏六朝文學考論，上海：上海古籍出版社，26-62頁。
許雲和 2008. 德藏吐魯番本「晉史毛伯成」詩卷再考，西域研究 2008-1，99-107頁；漢魏六朝文學考論，上海：上海古籍出版社，62-75頁。
許雲和 2015. 鄯善出土佛説金剛般若波羅蜜經殘卷題記考，文獻 2015-3，56-60頁。
岩本篤志 2013. 敦煌吐魯番「發病書」小考——ロシアドイツ藏文獻の試釋と占事略決との比較を通して，立正大學文學部論叢 136，75-107頁。
岩本篤志 2015. 唐代の醫藥書と敦煌文獻，東京：角川學苑出版社。
閆廷亮 2012. 麴氏高昌延昌末瘟疫試探，吐魯番學研究 2012-1，90-96頁。
楊際平 1982. 試考唐代吐魯番地區「部田」的歷史淵源，中國社會經濟史研究 1982-1，59-67頁。
楊際平 1988. 再談麴氏高昌與唐代西州「部田」的歷史淵源，中國史研究 1988-2，23-33頁。
楊榮春 2014a. 吐魯番出土北涼神璽三年（公元三九九年）倉曹貸糧文書研究，敦煌學輯刊 2014-4，69-79頁。
楊榮春 2014b. 北涼高昌太守隗仁史跡鉤沉，吐魯番學研究 2014-2，29-37頁。
姚崇新 1999. 試論高昌國的佛教與佛教教團，敦煌吐魯番研究 4，北京：北京大學出版社，39-80頁。
姚崇新 2005. 唐代西州的私學與教材——唐代西州的教育之二，西域研究 2005-1，1-10頁。
姚崇新 2010. 唐代西州的醫學教育與醫療實踐，文史 2010-4，147-174頁。

姚崇新 2011. 唐代僧尼授田問題新探——以新獲吐魯番文書爲中心，樊錦詩、榮新江、林世田主編敦煌文獻 考古 藝術綜合研究：紀念向達先生誕辰 110 週年國際學術研討會論文集，北京：中華書局，404-422 頁。
姚季農 1973. 兩種古卷——吴書寫本與宋紹熙本三國志校勘記，臺北：古籍史料出版社，1-19 頁考校，21-45 頁圖版。
姚季農 1983，吴書の寫本と宋紹熙本三國志校訂記——二種の古本，謝銘仁譯，集刊邪馬臺國 18，174-190 頁。
葉紅潞、余欣 2005. 敦煌吐魯番出土本草集注殘卷研究述評，中醫研究 2005-6，57-60 頁。
殷晴 1987. 唐代塔里木盆地南緣的社會經濟生活——于闐某寺帳簿殘頁析釋，新疆文物 1987-3，60-73 頁。
殷晴 2003. 唐西州等地的交通設施及其管理制度，吐魯番學研究 2003-2，73-92 頁。
殷晴 2007. 絲綢之路與西域經濟——十二世紀前新疆開發史稿，北京：中華書局。
殷晴 2012. 絲綢之路經濟史研究上下，蘭州：蘭州大學出版社。
游自勇 2010. 德藏吐魯番文書推十二支死後化生法、推建除日同死法考釋，國學學刊 2010-4，84-90 頁。
羽田亨 1957. 羽田博士史學論文集（歷史篇）上，京都：同朋舍。
虞舜 2003. 新修本草所據本草經集注底本的有關問題，南京中醫藥大學學報 2003-3，166-168 頁。
余欣（待刊稿）. 柏林國家圖書館藏吐魯番文獻經眼録，2005 年。

余欣 2007. 中國古代占風術研究——以柏林藏吐魯番文獻 Ch. 3316 爲中心，高田時雄主編唐代宗教文化與制度，京都：京都大學人文科學研究所，87-114 頁。
余欣 2010a. 東京大學附屬圖書館藏吐魯番出土文獻考略，敦煌研究 2010-4，98-108 頁。
余欣 2010b. 大唐西域記古寫本述略稿，文獻 2010-4，30-44 頁。
余欣 2011. 中古異相：寫本時代的學術信仰與社會，上海：上海古籍出版社。
余欣 2012. 博望鳴沙：中古寫本研究與現代中國學術史之會通，上海：上海古籍出版社。
宇野順治、古泉圓順 2004. 復元：トルファン出土二十八（七）宿占星書，龍谷大學佛教文化研究所紀要 43，44-63 頁。
袁仁智 2010. 敦煌吐魯番醫藥卷子校勘及其文獻研究，南京中醫藥大學博士論文。
曾我部静雄 1971. 中國律令史の研究，東京：吉川弘文館。
翟旻昊 2013. 德藏吐魯番出土 Ch. 1635 文書研究，敦煌研究 2013-5，92-98 頁。
張安福、英寶軍 2010. 唐代西州民衆的物質生活研究，吐魯番學研究 2010-1，107-116 頁。
張傳璽 2004. 關於香港新見吐魯番契券的一些問題，國學研究 13，北京：北京大學出版社，361-367 頁。
張弓 1986. 唐朝倉廩制度初探，北京：中華書局。
張廣達 1988. 唐滅高昌國後的西州形勢，東洋文化 68，69-107 頁。
張廣達 2004. 唐代漢譯摩尼教殘卷——心王、相、三常、四處、種子等語詞試釋，東方學報 77，376-336 頁。
張輝 2006. 敦煌吐魯番五藏論文獻研究進展，中國中醫藥雜誌 2006-11，62-64 頁。

張娜麗 2003. 西域發見の文字資料——「大谷文書」中の諸斷片について(二),學苑 753,13-35 頁。
張娜麗 2006a. 西域出土文書の基礎的研究——中國古代における小學書童蒙書の諸相,東京:汲古書院。
張娜麗 2006b. 西域發見の文字資料(五)——各所分藏の接合可能文書三種,學苑 791,42-53 頁。
張娜麗 2007. 敦煌トルファン出土玄應音義寫本について——中國國家圖書館藏王重民所獲寫真旅順博物館藏斷片として,相川鐵崖古稀記念書學論文集編集委員會編相川鐵崖古稀記念書學論文集,東京:木耳社,245-258 頁。
張娜麗 2010. 羽田亨博士收集西域出土文獻寫真とその原文書——文獻の流散とその遞傳寫真攝影の軌跡,論叢現代語 現代文化 2010-5,1-27 頁。
張娜麗 2013. 吐魯番本「爾雅注」について,土肥義和編敦煌吐魯番出土漢文文書の新研究(修訂版),東京:東洋文庫,365-389 頁。
張新朋 2014a. 大谷文書别本開蒙要訓殘片考,敦煌研究 2014-5,81-86 頁。
張新朋 2014b. 吐魯番出土四則切韻殘片考,漢語史學報 14,117-125 頁。
張新朋 2015a. 新認定吐魯番出土梠子賦及相關殘片考,趙豐等主編敦煌與絲綢之路——浙江甘肅兩省敦煌學研究會聯合研討會論文集,杭州:浙江大學出版社,142-148 頁。
張新朋 2015b. 吐魯番、黑水城出土急就篇千字文殘片考辨,尋根 2015-6,19-25 頁。
張涌泉 2013. 敦煌寫本文獻學,蘭州:甘肅教育出版社。

張元濟 1938. 三國志古寫本之異同，校史隨筆上册，上海：商務印書館，24-26 頁。
張宗品 2011. 俄藏敦煌文獻所見存世最早的史記寫本殘片及其綴合，敦煌研究 2011-5，73-76 頁。
張宗品 2014a. 從古寫本看漢唐時期史記在西域的流播——中古時期典籍閱讀現象之一側面，古典文獻研究 17，76-93 頁。
張宗品 2014b. 近百年來史記寫本研究述略，古籍整理研究學刊 2014-3，98-106 頁。
趙和平 1997. 敦煌表狀箋啓書儀輯校，南京：江蘇古籍出版社。
趙青山 2013. 試論六至七世紀高昌疫病流行與突厥入侵的關係——以抄經題記爲中心，敦煌學輯刊 2013-2，57-61 頁。
真柳誠 1998. トルファン出土の耆婆五藏論と諸醫方髓，漢方の臨床 1998-45，986-988 頁。
真柳誠 2000. 三卷本本草集注と出土史料，藥學史雜誌 35-2，135-143 頁。
鄭顯文 2012. 出土文獻與唐代法律史研究，北京：中國社會科學出版社。
中村不折 1927. 禹域出土墨寶書法源流考上、中、下，東京：西東書房。
中村集成 = 磯部彰編臺東區立書道博物館所藏中村不折舊藏禹域墨書集成上、中、下，東アジア善本叢刊第二集，東京：二玄社，2005 年。
中村菊之進 1990. トゥルファン出土の大藏經，密教文化 172，39-69 頁。
中村裕一 1991. 唐代官文書研究，京都：中文出版社。
中華道藏，張繼禹主編，北京：華夏出版社，2003 年。

中田勇次郎 1970. 中國書論集，東京：二玄社。
中田裕子 2010. 唐代西州における群牧と馬の賣買，敦煌寫本研究年報 4，163-179 頁。
中田裕子 2012. 吐魯番文書中的「群牧」和「市馬使」，高臺縣委等編高臺魏晉墓與河西歷史文化研究，甘肅：蘭州教育出版社，389-395 頁。
重要文化財 = 重要文化財 19 書跡 典籍 古文書 II，東京：每日新聞社，1976 年。
周藤吉之 1959. 佃人文書の研究——唐代前期の佃人制，西域文化研究第二敦煌吐魯番社會經濟資料上，京都：法藏館，91-132 頁。
周藤吉之 1965. 唐宋社會經濟史研究，東京：東京大學出版會。
周藤吉之 1985. 吐魯番出土佃人文書的研究——唐代前期的佃人制，姜鎮慶譯，敦煌學譯文集——敦煌吐魯番出土社會經濟文書研究，蘭州：甘肅人民出版社，1-120 頁。
周西波 2008. 中村不折舊藏敦煌道經考述，敦煌學 27，81-100 頁。
周祖謨 1994. 唐五代韻書輯存，臺北：學生書局。
朱雷 1980. 吐魯番出土北涼貲簿考釋，武漢大學學報 1980-4，33-43 頁。
朱雷 1990. 敦煌兩種寫本燕子賦中所見唐代浮逃户處置的變化及其他——讀敦煌變文集札記（一），敦煌吐魯番文書初探二編，武漢大學出版社，503-532 頁。
朱雷 2000. 敦煌吐魯番文書論叢，蘭州：甘肅人民出版社。
朱雷 2012. 朱雷敦煌吐魯番文書論叢，上海：上海古籍出版社。

朱雷 2016.《敦煌吐魯番文書論叢》，杭州：浙江大學出版社。
朱玉麒 2009.《吐魯番文書中的漢文文學資料叙録》，《吐魯番學研究》2009-2，89-98 頁。
朱玉麒 2010.《中古時期吐魯番地區漢文文學的傳播與接受：以吐魯番出土文書爲中心》，《中國社會科學》2010-6，182-194 頁。
朱玉麒 2012a.《王樹枏吐魯番文書題跋箋釋》，《吐魯番學研究》2012-2，69-98 頁。
朱玉麒 2012b.《吐魯番文書中的玄宗詩》，《西域文史》7，北京：科學出版社，63-76 頁。
朱玉麒 2013.《段永恩與吐魯番文書的收藏與研究》，王三慶、鄭阿財合編《2013 敦煌吐魯番國際學術研討會論文集》，臺南：成功大學中國文學系，59-78 頁。
Akao Eikei 2012. Reexamining the Manuscript Fragments of a Prayer SI-3119/2 + SI-3119/1，高田時雄編《涅瓦河邊談敦煌》(*Talking about Dunhuang on the Riverside of the Neva*)，京都大學人文科學研究所，51-57 頁。
BTT XXIII = P. Zieme, *Magische Texte des uigurischen Buddhismus*, Brepols 2005.
Bullitt, J. O. 1989. Princeton's Manuscript Fragments from Tun-Huang, *The Gest Library Journal*, III. 1-2, 7-29.
Cuguevskii, L. I. 1983. *Kitaiskie Dokumenti iz Dun'khuana*, vol. I, Moscow.
Chen Guocan (tr. J. K. Skaff), 2000. The Turfan Documents at Princeton's Gest Collection, *Early Medieval China*, 6, 74-103.
Chen Huaiyu 2010. Chinese-Language Manuscripts from Dunhuang and Turfan in the Princeton University East Asian Library, *East Asian Library Journal*, vol. 14, no. 1 & 2, 2010, 1-208.

Chen Huaiyu 2014. The *Benji jing* and the *Anle jing*: Reflections on Two Daoist and Christian Manuscripts from Turfan and Dunhuang, 2014月9月6-9日,普林斯頓大學國際敦煌學術研討會論文。

Drège, J. -P. 1989. Review of *Katalog chinesischer buddhistischer Textfragmente* I-II, *Orientalistische Literaturzeitung* 84. 1, 84-88.

Drège, J. -P. 1999. On Some Minor Collections of Chinese Manuscripts and Xylographs from Central Asia in European Libararies, 敦煌文藪(上),新文豐出版公司,39-60頁。

Eberhard, W. 1936. Sinologische Bemerkungen zu den türkischen Kalenderfragmenten, G. R. Rachmati, *TTT VII*, 83-99.

Franke, H. 1977. A Sino-Uighur family portrait: notes on a woodcut from Turfan, *Canada-Mongolia Review*, IV. 1, 33-40.

Gabain, A. von, 1967. Die Drucke der Turfan-Sammlung, *SDAW*, 1967-1, 5-40 + 14pls.

Gabain, A. von, 1976. Ein chinesisch-uigurischer Blockdruck, *Tractata Altaica. Denis Sinor, Sexagenario Optime de Rebus Altaicis Merito Dedicata*, Wiesbaden, 203-207 + 3pls.

Härtel, H. et al. 1982. *Along the Ancient Silk Routes, Central Asian Art from the West Berlin State Museums*, New York.

Härtel, H. et al. 1986. *Museum für Indische Kunst Berlin*, Stuttgartund Zurich.

KCBT I = Thilo, T. *Katalog chinesischer buddhistischer Textfragmente* I (with G. Schmitt, BTT VI), Berlin 1975.

Kudara, K. 2005. *Chinese Buddhist Texts from the Berlin Turfan Collections*, 3 (*Chinesische und manjurische Handschriften und seltene Drucke*. Teil 4), Franz Steiner Verlag Stuttgart.

Mayanagi Makoto 2005. The three *juan* edition of *Bencao jizhu* and excavated sources, *Medieval Chinese Medicine*: *The*

Dunhuang medical manuscripts, ed. Vivienne Lo & Christopher Cullen, London and New York: Routledge Curzon, 306-321.

Mikkelsen, G. B. 2000. Work in Progress on the Manichaean *Traité/Sermon on the Light-Nous* in Chinese and its Parallels in Parthian, Sogdian and Old Turkish, C. Benjamin & D. Christian eds., *Reals of the Silk Roads: Ancient and Modern*, Turnhout: Brepols, 13-29.

Mikkelsen, G. B. 2004. The Fragments of Chinese Manichaean Texts from the Turfan Region, *Turfan Revisited-The First Century of Research into the Arts and Cultures of the Silk Road*, eds. D. Durkin-Meisterernst et al., Berlin: Dietrich Reimer Verlag, Berlin, 213-220.

Moriyasu, T. 2004. *Die Geschichte des uigurischen Manichäismus an der Seidenstraße. Forschungen zu manichäischen Quellen und ihrem geschichtlichen Hintergrund*, Wiesbaden.

Moriyasu, T. & P. Zieme 1999. From Chinese to Uighur Documents, 内陸アジア言語の研究 XIV, 73-102.

Moriyasu, T. & P. Zieme 2003. Uighur Inscriptions on the Banners from Turfan Housed in the Museum für Indische Kunst, Berlin, Appendix I to *Central Asian Temple Banners in the Turfan Collection of the Museum für Indische Kunst, Berlin. Painted Textiles from the Northern Silk Route*, by Chhaya Bhattacharya-Haesner, Berlin: Dietrich Reimer Verlag, 461-474.

Nishiwaki, Tsuneki, 2001. *Chinesische Texte vermischten Inhalts aus der Berliner Turfansammlung* (*Chinesische und manjurische Handschriften und seltene Drucke*. Teil 3), Stuttgart: Franz Steiner Verlag.

Nishiwaki, Tsuneki, 2004. A Divination Text Regarding Solar Eclipses, Lunar Eclipses and Earthquakes Based on the Correlation with Days in the Twenty Eight Lunar Mansions, *Turfan Revisited*, 240-248.

Popova, I. 2012. Remarks on the Documents SI O/32［4112］and Дх. 18923 of the IOM RAS Collection，高田時雄編《涅瓦河邊談敦煌》(*Talking about Dunhuang on the Riverside of the Neva*)，京都：大學人文科學研究所，21-38.

Raschmann, S. -Ch. & T. Takata 1993. Ein chinesischer Turfan-Text mit uigurischen phonetischen Glossen, *AoF*20, 1993, 391-396 + 2pls .

Sims-Williams, N. 2012. *Mitteliranische Handschriften Teil* 4: *Iranian Manuscript in Syriac Script in the Berlin Turfan Collection*, Stuttgart: Franz Steiner Verlag.

Sundermann, W. 1991. Anmerkungen zu: Th. Thilo, Einige Bemerkungen zu zwei chinesisch-manichaischen Textfragmenten der Berliner Turfansammlung, *Ägypten*, *Vorderasien*, *Turfan*, Berlin, 171-174.

Sundermann, W. 1996. Iranian Manichaean Texts in Chinese Remake: Translation and Transformation, *Cina e Iran*, Firenze, 103-119.

Takata, T. 2004. The Chinese Language in Turfan with a Special Focus on the *Qieyun* Fragments, *Turfan Revisited* 333-340.

Thilo, T. 1968. Fragmente chinesischer Haushaltsregister aus Dunhuang in der Berliner Turfan-Sammlung, *Mitteilungen des Instituts für Orientforschung*, XIV, 303-313.

Thilo, T. 1970. Fragmente chinesischer Haushaltsregister der Tang-Zeit in der Berliner Turfan-Sammlung, *Mitteilungen des Instituts für Orientforschung*, XVI, 84-106.

Thilo, T. 1981. Ein chinesischer Turfan-text aus der Zeit der Qara-qitay, *Scholia*, Wiesbaden, 201-205.

Thilo, T. 1991. Einige Bemerkungen zu zwei chinesisch-manichaischen Textfragmenten der Berliner Turfan-Sammlung, *Ägypten Vorderasien Turfan*, eds. H. Klengel & W. Sundermann, Berlin, 161-170.

TTD I = Yamamoto, T., O. Ikeda & Y. Okano. *Tun-huang and Turfan Documents concerning Social and Economic History, I. Legal Texts* (*A*)(*B*), Tokyo 1978-1980.

TTD II = Yamamoto, T. & Y. Dohi. *Tun-huang and Turfan Documents concerning Social and Economic History, II. Census Registers* (*A*)(*B*), Tokyo 1985.

TTD III = Yamamoto, T. & O. Ikeda. *Tun-huang and Turfan Documents concerning Social and Economic History, III. Contracts* (*A*)(*B*), Tokyo 1987.

TTD supplement = Yamamoto, T. et al. *Tun-huang and Turfan Documents concerning Social and Economic History, supplement* (*A*)(*B*), Tokyo 2001.

TTT VII = Rachmati, G. R., Türkische Turfan Texte. VII, *APAW*, Berlin 1936, Nr. 12, 3-124.

Tugusheva, L. Yu. 2013. *Уйгурские деловые документы X-XIV* вв. из Восточного Туркестана (Uighur Civil Documents from the 10th through 14th Century Discovered in Eastern Turkestan), Moscow: Nauka & Vostochnaya Literatura Publishers.

Wang Ding, 2004. Ch 3586-ein khitanisches Fragment mit uigurishen Glossen in der Berliner Turfansammlung, *Turfan*

Revisited, Berlin, 371-379.

Wang Lien-tseng 1963. Remarques sur un nouveau recueil de documents phonologiques de Touen-houang, *T'oung Pao*, 1963-1/3, 239-256.

Wilkens, J. 2000. *Alttürkische Handschriften*. Teil 8. *Manichäisch-Türkische Texte der Berliner Turfansammlung*. Stuttgart.

Yoshida, Y. 1997. On the Recently Discovered Manichaean Chinese Fragments, *Studies on the Inner Asian Languages*, XII, 35-39.

Manuscript Remains of Chinese Texts Found in Turfan

Edited by

Rong Xinjiang

Shi Rui

ZHONGHUA BOOK COMPANY

BEIJING

Table of Contents

索　引

Ch 349v(T II T 2052) 失名道書
Ch 353r(T III T 161) 失名道教類書
Ch 354(T II T 3032) 雜醫方
Ch 360r(T II D 286) 高昌郡時期衆度寫經題記
Ch 396(T I D) 療婦人病方
Ch 407v(T II 2024) 急就篇
Ch 422(T II T 2071) 南齊蕭道成供養妙法蓮華經卷七題記
Ch 444(T II T 1940) 一切經音義卷一二賢愚經音義
Ch 468r(T II D 287) 發病書
Ch 468v(T II D 287) 唐西州籍
Ch 483(T II D 136) 雜醫方
Ch 610v 策賢良問五道
Ch 652(T III T 262) 一切經音義卷二三顯揚聖教論音義
Ch 696v(T II 1218) 回鶻人音注漢文難字
Ch 734(T II 1578) 春秋後語卷一秦語上
Ch 773r(T II 1510) 解夢書水篇
Ch 773v(T II 1510) 莊子齊物論疏
Ch 799(T III MQ 5.16.13.-H) 唐牒文事目曆
Ch 842v(T III 62-1000) 推十二支死後化生法推建除日同死法
Ch 895(T II T 1297) 唐人寫菩薩瓔珞本業經卷下題記
Ch 923(T II 1840) 唐人寫佛説灌頂七萬二千神王護比丘咒經卷一二題記
Ch 924v(無原編號) 唐西州佃田計布曆
Ch 935(T III 2023) 太上洞玄靈寶昇玄内教經
Ch 938r(T II T 1132) 漢書卷四〇張良傳
Ch 938v(T II T 1132) 史記卷六七仲尼弟子列傳
Ch 983(T I α) 僧獻寫經尾題
Ch 1002r(T II T 1005) 失名道書
Ch 1002v(T II T 1005) 太上洞玄靈寶無量度人上品妙經
Ch 1034(T II T 301) 唐天寶年間交河郡蒲昌縣籍
Ch 1036r(T II T) 療諸風方
Ch 1036v(T II T) 本草經集注卷下蟲獸部下品
Ch 1044r(T III Š 67) 春秋經傳集解昭公二十二年
Ch 1044v(T III Š 67) 古注本推三陣圖法
Ch 1045(T II 1784) 唐永泰三年(767)西州田租簿

Ch 1644r(T III T 133) 陰陽婚嫁書
Ch 1644v(T III T 133) 占釜鳴法
Ch 1649r(T II 1970) 唐西州柳中縣籍
Ch 1649v(T II 1970) 黄帝産法
Ch 1744(T III T 399) 玉篇部目
Ch 1765(T II T 3005) 寫佛名經題記
Ch 1805(T II T 1225) 千字文
Ch 1815v(T II T 1137) 周西州高昌縣籍
Ch 1830(T II 1829) 廿八宿日占日月蝕、地動法
Ch 1874(T III T 440) 龍龕手鑑卷一
Ch 1891(T II T 1008) 麴氏高昌延昌三十七年(597)十月十六日高昌王寫金光明經卷三題記
Ch 1892(T II 1585) 唐顯慶元年(656)張歡伯寫妙法蓮華經卷一題記
Ch 1981r(T III T 1258) 字書
Ch 1986v(T II T 1274) 醫方書
Ch 2011(T II T 1286) 占卜書
Ch 2068(T II D 61) 禮記坊記
Ch 2132v(無原編號) 新唐書卷一七一石雄傳
Ch 2241(T I D 1013) 玉篇部目
Ch 2254r(T II T 2040) 毛詩小雅魚藻之什
Ch 2259(無原編號) 一切經音義卷五摩訶摩耶經音義如來方便善巧咒經音義勝鬘經音義須摩提經音義
Ch 2286v(T III 62.1007) 新唐書卷一七一石雄傳
Ch 2369(T III T 332) 回鶻人音注漢文難字
Ch 2378(T II T 1443) 枵子賦
Ch 2400r(無原編號) 幽通賦注
Ch 2400v(無原編號) 東晉毛伯成等詩卷
Ch 2401r(T II T 2070) 太上洞玄靈寶三十二天尊應號經
Ch 2402(T II 6764) 唐永泰三年(767)西州田租簿
Ch 2403(T II 1976) 唐西州高昌縣典周建帖山頭等烽爲差人赴葦所事
Ch 2404(無原編號) 唐西州領錢曆
Ch 2405(T II 1 D 61) 唐開元二十三年(735)西州高昌縣順義鄉籍
Ch 2432r(T III S 94) 春秋經傳集解昭公二十二年
Ch 2432v(T III S 94) 古注本推三陣圖法

Ch 3582(T III M 144)　回鶻人音注漢文難字
Ch 3605(無原編號)　切韻
Ch 3623v(T III 62)　新唐書卷一七一石雄傳
Ch 3693r(無原編號)　幽通賦注
Ch 3693v(無原編號)　東晉毛伯成等詩卷
Ch 3698(T II 1315)　尚書虞書大禹謨
Ch 3699r(無原編號)　幽通賦注
Ch 3699v(無原編號)　東晉毛伯成等詩卷
Ch 3715r(T II D 1b)　切韻
Ch 3716(T II Y 62)　千字文
Ch 3725r(T II Y 41)　耆婆五藏論
Ch 3725v(T II Y 41)　諸醫方髓
Ch 3761(無原編號)　新唐書卷一七一石雄傳
Ch 3800(無原編號)　秦觀海康書事十首之三習字
Ch 3801(無原編號)　秦觀海康書事十首之三習字
Ch 3810(T II 1063)　唐開元十年(722)西州高昌縣籍
Ch 3821v(T II 1497)　剃頭良宿吉日法洗頭擇吉日法
Ch 3841(T II T)　唐吏部留司格
Ch 3865r(無原編號)　幽通賦注
Ch 3865v(無原編號)　東晉毛伯成等詩卷
Ch 3903v(無原編號)　新唐書卷一七一石雄傳
Ch 3934r(無原編號)　歷代法寶記
Ch 5501(T III Y 1000)　高昌國人寫添品妙法蓮華經卷四至六題記
Ch 5509(T II T 1000)　唐西州高昌縣武城鄉人結社寫妙法蓮華經卷一題記
Ch 5545(T II T 1216)　高昌國暈臺寫請觀世音菩薩消伏毒害陀羅尼經題記
Ch 5555va(TM 46)　切韻
Ch 5555vb(TM 46)　切韻
Ch 5606(T III 315)　唐廣德三年(765)二月交河縣連保請舉常平倉粟牒
Ch 5611a(T III 315)　唐廣德三年(765)二月交河縣連保請舉常平倉粟牒
Ch 5616(T III 315)　唐廣德三年(765)二月交河縣連保請舉常平倉粟牒
Ch. 6001(T II T1537, MIK031718)　北涼承陽二年(426)十一月籍
Ch/So 10334 v(T I α)　靈寶經目録
Ch/U 6377r(T I α x 7)　某年具注曆日
Ch/U 6779r(T II Y 14 f)　爾雅釋天至釋地

SH. 174-3-5　太上洞玄靈寶昇玄内教經卷一
SH. 174-3-6　太上洞玄靈寶昇玄内教經卷一
SH. 174-5-78　老子道德經序訣
SH. 174-5-103　洞玄靈寶長夜之府九幽玉匱明真科
SH. 176-86　洞真太一帝君太丹隱書洞真玄經
SH. 177 上-1　唐儀鳳二年(677)十月至十二月西州都督府案卷爲北館廚於坊市得莿柴、醬等請酬價直事
SH. 177 上-2　唐儀鳳二年(677)十月至十二月西州都督府案卷爲北館廚於坊市得莿柴、醬等請酬價直事
SH. 177 上-3　唐西州酬炭車脚價錢文書
SH. 177 上-5　唐垂拱四年(688)九月西州衛士李圈德辭爲請免番事
SH. 177 上-6　唐儀鳳二年(677)十月至十二月西州都督府案卷爲北館廚於坊市得莿柴、醬等請酬價直事
SH. 177 上-7　唐儀鳳二年(677)十月至十二月西州都督府案卷爲北館廚於坊市得莿柴、醬等請酬價直事
SH. 177 上-8　唐儀鳳二年(677)十月至十二月西州都督府案卷爲北館廚於坊市得莿柴、醬等請酬價直事
SH. 177 上-9　唐儀鳳二年(677)十月至十二月西州都督府案卷爲北館廚於坊市得莿柴、醬等請酬價直事
SH. 177 上-10　唐儀鳳二年(677)十月至十二月西州都督府案卷爲北館廚於坊市得莿柴、醬等請酬價直事
SH. 177 下-1　唐開元二十九年(741)六月真容寺於于諶城買牛契
SH. 177 下-2　唐天寶三載(744)前後交河郡蒲昌縣帖爲雇真容寺車牛入山取公廨粮事
SH. 177 下-3　唐天寶二年(743)三月交河郡麴懷讓於真容寺徒衆邊領錢抄
SH. 177 下-4　唐天寶四載(745)前後交河郡蒲昌、柳中兩縣帖料小麥文書
SH. 177 下-5　唐天寶五載(746)閏十月某人從吕才藝邊租田契
SH. 177 下-6　唐天寶六載(747)四月交河郡某寺給家人春衣歷
SH. 177 下-8　唐儀鳳二年(677)十月至十二月西州都督府案卷爲北館廚於坊市得莿柴、醬等請酬價直事
SH. 177 下-9　唐西州虔勖牒爲請徵交河帖料填還所欠中館錢物事
SH. 177 下-10　唐開元二十九年(741)前後西州高昌縣某寺入破錢物曆
SI 4bKr. 4/654r　周大足元年(701)西州高昌縣順義鄉籍
SI 4bKr. 71v(SI 4062)　唐龍朔二年(662)九月麴明倫寫妙法蓮華經題記

Дх. 4094v　唐西州籍
Дх. 4666r　史記卷八七李斯列傳
Дх. 4666v　高昌國編年史
Дх. 5935v　唐廣德二年(764)六月行人李有讓牒爲求差追徵欠錢事
Дх. 7125Bv　唐西州籍
Дх. 7305　文選李善注卷三五張景陽七命
Дх. 7892　淮南子時則訓注
Дх. 8011　文選李善注卷三五張景陽七命
Дх. 8462　文選李善注卷三五張景陽七命
Дх. 8510　唐開元二十三年(735)西州籍
Дх. 8519v　高昌郡高昌縣都鄉籍
Дх. 9170r　耆婆五藏論
Дх. 9170v　耆婆五藏論
Дх. 9178r　諸醫方髓
Дх. 9178v　諸醫方髓
Дх. 9255　唐天寶年間交河郡籍
Дх. 9267　唐天寶年間交河郡籍
Дх. 9334　唐天寶年間交河郡籍
Дх. 9368v　唐天寶年間交河郡籍
Дх. 9479　唐開元二十三年(735)西州籍
Дх. 9836v　諸醫方髓
Дх. 9882r　耆婆五藏論
Дх. 9882v　耆婆五藏論
Дх. 9888r　諸醫方髓
Дх. 9888v　諸醫方髓
Дх. 9935Ir　耆婆五藏論
Дх. 9935Iv　耆婆五藏論
Дх. 9935IIIr　耆婆五藏論
Дх. 9935IIIv　耆婆五藏論
Дх. 9936r　諸醫方髓
Дх. 10090R　一切經音義卷六妙法蓮華經音義
Дх. 10092r　耆婆五藏論
Дх. 10092v　耆婆五藏論
Дх. 10149R　一切經音義卷六妙法蓮華經音義

大谷 1421　唐儀鳳二年(677)十月至十二月西州都督府案卷爲北館廚於坊市得莿柴、醬等請酬價直事
大谷 1422　唐儀鳳二年(677)十月至十二月西州都督府案卷爲北館廚於坊市得莿柴、醬等請酬價直事
大谷 1423　唐儀鳳二年(677)十月至十二月西州都督府案卷爲北館廚於坊市得莿柴、醬等請酬價直事
大谷 1699　唐儀鳳二年(677)十月至十二月西州都督府案卷爲北館廚於坊市得莿柴、醬等請酬價直事
大谷 1700　唐儀鳳二年(677)十月至十二月西州都督府案卷爲北館廚於坊市得莿柴、醬等請酬價直事
大谷 2827　唐儀鳳二年(677)十月至十二月西州都督府案卷爲北館廚於坊市得莿柴、醬等請酬價直事
大谷 2841　唐儀鳳二年(677)十月至十二月西州都督府案卷爲北館廚於坊市得莿柴、醬等請酬價直事
大谷 2841 右上部貼紙　唐儀鳳二年(677)十月至十二月西州都督府案卷爲北館廚於坊市得莿柴、醬等請酬價直事
大谷 2842　唐儀鳳二年(677)十月至十二月西州都督府案卷爲北館廚於坊市得莿柴、醬等請酬價直事
大谷 2843　唐儀鳳二年(677)十月至十二月西州都督府案卷爲北館廚於坊市得莿柴、醬等請酬價直事
大谷 2844　唐儀鳳二年(677)十月至十二月西州都督府案卷爲北館廚於坊市得莿柴、醬等請酬價直事
大谷 3162　唐儀鳳二年(677)十月至十二月西州都督府案卷爲北館廚於坊市得莿柴、醬等請酬價直事
大谷 3163　唐儀鳳二年(677)十月至十二月西州都督府案卷爲北館廚於坊市得莿柴、醬等請酬價直事
大谷 3495　唐儀鳳二年(677)十月至十二月西州都督府案卷爲北館廚於坊市得莿柴、醬等請酬價直事
大谷 3713　唐儀鳳二年(677)十月至十二月西州都督府案卷爲北館廚於坊市得莿柴、醬等請酬價直事
大谷 4882　唐開元十六年(728)西州都督府請紙案卷
大谷 4895　唐儀鳳二年(677)十月至十二月西州都督府案卷爲北館廚於坊市得莿柴、醬等請酬價直事
大谷 4896　唐儀鳳二年(677)十月至十二月西州都督府案卷爲北館廚於坊

德國舊藏吐魯番寫本(無原編號)　類書刺史縣令篇
德國舊藏吐魯番寫本(無原編號)　劉涓子鬼方卷九、卷一〇
德國舊藏吐魯番寫本　毛詩正義邶風谷風至式微
東京國立博物館藏卷　唐開元四年(716)西州柳中縣高寧鄉籍
東京國立博物館藏卷v　唐開元年間西州交河縣名山鄉差科簿
馮國瑞舊藏　唐開元十三年(725)西州都督府牒秦州爲請推勘王敬忠等奪地事
甘肅省博物館58.0070r　唐某年西州天山縣籍
甘肅省博物館58.0070v　唐如意元年(692)學生高待義習字
甘肅省博物館藏卷　潘岳書札
甘肅省博物館藏卷　唐帳曆
高昌殘影102號　比丘僧壽供養菩薩善戒經題記
高昌殘影133號　麴氏高昌延壽四年(627)九月抄仁王般若波羅蜜經卷上題記
高昌殘影221號　唐麴敬□寫般若心經題記
高昌殘影236號　太上洞玄靈寶業報因緣經卷八
高昌殘影237號　道德經河上公注
高昌殘影238號　唐開元年間(?)西州柳中縣承禮鄉籍
高昌殘影239號　唐神龍三年(707)十月西州某縣史李思一牒爲准狀科料事
高昌殘影240號　唐西州高昌縣籍
高昌殘影240號背　吉凶書儀
高昌殘影241號　唐開元二十三年(735)後西州上柱國子名簿
高昌殘影328號　殘詩(露色下梧楸)
高昌殘影329號　祭法書
高昌殘影330號甲、乙　醫方書
高昌殘影331號甲、乙　廿八宿日占日月蝕、地動法
高昌殘影501號　洛京曆日王家彌勒下生經印板雕字題記
黄文弼文書35　唐開元十六年(728)西州都督府請紙案卷
静岡縣磯部武男藏001　朋友書儀
静岡縣磯部武男藏002　周聖曆二年(699)二月西州五品子鄧遠牒爲勘問銀錢價等事
静岡縣磯部武男藏003　祭文
静岡縣磯部武男藏004　唐某人狀

普林斯頓大學 Peald 5a2(G.050)　唐文書
普林斯頓大學 Peald 5a3(G.052)　唐開元二十三年(735)十二月十四日告身
普林斯頓大學 Peald 5b1(G.053)　唐開元二十三年(735)十二月十四日告身
普林斯頓大學 Peald 5b2(G.054)　唐開元二十三年(735)十二月十四日告身
普林斯頓大學 Peald 5b3(G.055)　唐開元二十三年(735)十二月十四日告身
普林斯頓大學 Peald 5b4(G.056)　唐開元二十三年(735)十二月十四日告身
普林斯頓大學 Peald 5b5(G.057)　唐開元二十三年(735)十二月十四日告身
普林斯頓大學 Peald 5c(G.058)　唐開元二十三年(735)十二月十四日告身
普林斯頓大學 Peald 5d2(G.060)　唐天寶某載交河郡都督府牒
普林斯頓大學 Peald 5e(G.061)　唐交河郡某司牒爲熟皮等估價事
普林斯頓大學 Peald 7a(G.027)　策孝經經義文
普林斯頓大學 Peald 7b(G.028)　策毛詩經義文
普林斯頓大學 Peald 7c(G.029)　策論語經義文
普林斯頓大學 Peald 7d(G.030)　策孝經經義文
普林斯頓大學 Peald 7e(G.031)　策尚書經義文
普林斯頓大學 Peald 7f(G.032)　策論語經義文
普林斯頓大學 Peald 7g(G.033)　策論語經義文
普林斯頓大學 Peald 7h(G.034)　策論語經義文
普林斯頓大學 Peald 7i(G.035)　策論語經義文
普林斯頓大學 Peald 7j(G.036)　策論語經義文
普林斯頓大學 Peald 7k-1(G.037)　策論語經義文
普林斯頓大學 Peald 7k-2(G.038)　策孝經經義文
普林斯頓大學 Peald 7l(G.039)　策尚書經義文
普林斯頓大學 Peald 7n(G.041)　策論語尚書經義文
普林斯頓大學 Peald 7m(G.040)　策孝經經義文
普林斯頓大學 Peald 7o(G.042)　策孝經經義文
普林斯頓大學 Peald 7p(G.043)　策尚書論語經義文
普林斯頓大學 Peald 7q(G.044)　策尚書經義文
普林斯頓大學 Peald 7r(G.045)　策孝經經義文
普林斯頓大學 Peald 7s(G.046)　策論語經義文
普林斯頓大學 Peald 11a(G.047)　策孝經經義文
普林斯頓大學 Peald 11b(G.048)　策尚書論語經義文
普林斯頓大學 Peald 11c(G.062)　唐天寶八載(749)二月交河郡天山縣倉史令狐奉瓊牒爲兵健粮料事

中國國家博物館 38　唐軍府規範健兒等綱紀狀
中國國家博物館 42(D)　唐開元二十九年(741)西州天山縣南平鄉籍
中國國家博物館 43　唐開元年間瀚海軍狀爲附表申王孝方等賞緋魚袋事
中國國家博物館 49　唐開元五年(717)後西州獻之書札
中國國家博物館 50　唐開元五年(717)後西州獻之書札
中國國家博物館 51　唐三時詞
中國國家博物館 8086　唐開元年間西州都督府牒爲調度有闕及當界遊弈件注番第事
中國國家圖書館 BD09330(周 051)　唐軍府規範健兒等綱紀狀
中國國家圖書館 BD09337(周 058)　唐開元年間瀚海軍狀爲附表申王孝方等賞緋魚袋事
中國科學院圖書館藏　大凉承平年間(443-460)高昌郡高昌縣都鄉孝敬里貲簿